나를 위한 사회학

나를 위한
사회학

세상을 바라보는 또 다른 시각 _____

이와모토 시게키 지음 | 배성인 옮김

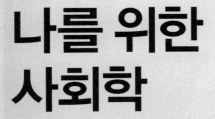

인간은 욕심쟁이인 걸까요.

눈앞에 펼쳐진 현실 세계가 완벽히 딱 맞아떨어지게 파악되지 않으면 불평을 늘어놓고, 자신을 둘러싼 사람들과 사회를 이해할 수 없다고 한탄합니다. 그러면서도 막상 눈앞에 일어나는 현상을 바라볼 때나 그에 대응해야 할 때면 지금까지 익힌 지식과 정보에 의지할 수밖에 없습니다.

뜬금없다고 생각할지 모르지만 와인 이야기를 해보려 합니다.

원래 나는 와인을 잘 모릅니다. 어쩌다 마실 기회가 생기면 대개는 마시기 쉬운 화이트와인을 주문합니다. 다만 고기 요리를 먹을 때는 정해져 있기라도 한 듯 레드와인을 주문합니다. '생선 요리에는 화이트와인, 고기 요리에는 레드와인'이라는 얕은 지식과 정보에 의지하여 구분하기 때문입니다.

그런데 와인의 라벨을 살펴보면 '풀 바디full body', '라이트 바디light body', '미디엄 바디medium body'라고 표시된 것도 있습니다. "어떻게 다르지?" 하는 생각이 들어서 라이트는 가볍고 풀은 무겁다는 식으로 직역하고는 이해한 것 같은 기분이 들었습니다. 그렇다고는 해도 머리로만 이해했을 뿐, 혀나 몸으로 이해한 것은 아니었습니다. 그러다가 얼마 전, 이탈리안 레스토랑에 갔을 때 소믈리에에게 내 얄팍한 지식을 이야기하며 용기 내어 물어보았습니다.

그러자 소믈리에는, "고기 요리를 잘 받쳐주는 화이트와인도 있습니다. 하지만 대개 고기 요리에는 무조건 레드와인이 어울린다고 생각하는 사람이 많지요. 그런데 일반적으로 레드와인 중에서도 라이트 바디는 조금 부족하다고 느끼곤 합니다"라며 미디엄 바디를 와인 잔에 따라주었습니다.

마셔보니 입안에서 부드럽게 넘어가면서도 떫은맛이 느껴졌습니다.

"어떠세요? 처음에는 와인 맛이 입안에 퍼지고, 그 후 깊은 맛이 감돌지 않습니까?"라고 소믈리에가 말했습니다. 들은 대로 의식하며 다시 와인을 한 모금 마시자, 소믈리에가 말했던 '깊은 맛'이 혀에 느껴졌습니다. 지금까지 아무 생각 없이 와인을 마셔왔는데, 지금까지와는 다른 와인의 맛을 느낀 순간이었습니다. 소믈리에의 지식이 막연했던 내 미각의 틀을 잡아준 덕분입니다. 즉, 단순한 '떫은맛'이 '깊은 맛'이라는 표현으로 대체되면서 이른바 와인이 지닌 맛의 자기주장을 받아들일 수 있게 되었던 것입니다.

그때까지 화이트, 레드, 로제의 세 가지 분류로만 와인을 나누던 나를 또다시 다른 기준으로 분류할 수 있도록 이끌어준 소믈리에는 "이 와인이라면 고기 요리에 잘 어울릴 겁니다"라고 설명했습니다. 그리고 감탄하는 내게 미소를 보이며 주방으로 사라졌습니다.

물론 완전 문외한의 이야기니 와인에 정통한 사람이라면 "무슨 소리를 하는 거야? 이런 건 기초 중의 기초잖아"라고 핀잔을 주겠지만, 이것이 나와 와인의 새로운 만남이었습니다.

보이지 않던 것이 보인다. 지식을 접하는 기쁨은 거기에 있다고 생각합니다.

우리는 지금까지 몸에 익힌 사고의 틀을 가지고 눈앞에 일어나는 현상을 바라보고, 또 그에 대응합니다. 그러므로 사람과 사람과의 관계, 사람과 사회의 관계를 다루는 사회학적 지식을 배운다면 폭넓고 심오한 사고의 틀로 현실을 파악할 수 있을 것입니다.

한 번뿐인 인생입니다. 가능한 한 주어진 생을 매우 의미 있게 보내기를 바라는 인간의 마음은 욕심이 아닌 당연한 것이라고 생각합니다. 나는 사회학이 거기에 기여하는 학문이라고 자부하므로, 조금이라도 사회학을 알리고 싶습니다. 이런 바람과 함께, 사회학에 매료된 개인적인 감동을 전할 수 있다면 기쁠 따름입니다.

저자의 일러두기
이 책의 에피소드에 등장하는 인물명은 모두 가명입니다.

1장

나를 위한 사회학 시작하기

메타 메시지 _____

대학에 들어가서 제일 먼저 충격을 받은 것은 언어 문제였습니다.

혹시 여러분도 대학 입학 후, 막 친해지기 시작한 친구가 내뱉는 단어가 지금까지 들어왔던 것과 달라서 도대체 무슨 말을 하는지 당황했던 경험은 없나요?

그도 그럴 것이 초등학교, 중학교, 고등학교는 전학이라도 가지 않는 한 거의 자신의 생활권, 즉 그 지역에 있는 학교에 다닙니다. 그런데 대학에 들어가면 다양한 지역에서 모여들기 때문에 지금까지 들어본 적 없는 단어나 특이한 억양이 오갑니다.

어느 학생에게 들은 이야기인데, 입학하고 열린 동아리 환영회에서 친구 술잔에 술을 가득 부어주었더니 이렇게 말했다고 합니다.

"그래 까딱까딱 가득 따르면 넘칫 삔다 아이가."

'삔다 아이가'라는 말도 좀 걸렸지만, '까딱까딱 가득 따르면'이라는 말을 듣고는 귀를 의심했다고 합니다. 자신이 잘못 들었다고 생각해서 다시 한 번 물었다고 합니다. 그런데 잘못 들은 것이 아니라 친구는 정말 그렇게 말했던 것입니다.

알고 봤더니 그 친구는 후쿠이福井 현 출신으로, '까딱까딱 가득'이란 '그렇게 가득'이라는 의미의 후쿠이 사투리였다고 합니다. 전체 문장을 표준어로 바꾸어보면 "그렇게 가득 부으면 넘치잖아"라는 것이었습니다.

그런데 이 에피소드를 소개한 학생도 중학교 때 미에三重 현으로 전학 갔는데 처음에는 사투리를 이해하지 못해서 낭패를 본 기억이 있었다고 합니다.

전학 간 첫날, 청소 시간 벨이 울리자 선생님이 "자, 전부 책상 앵기라"라고 말했습니다. 이 학생은 이 학교에서는 책상을 바닥에 끌지 않고 안아서 들어 옮기나 보다고 해석하고 책상을 들어 올렸습니다. 그런데 그 모습을 본 주변의 아이들이 키득키득 웃는 것이었습니다. '앵기라'는 말은 '(물건을) 안아라', 즉 '들어 올리라'는 의미가 아니라 '옮기라'는 뜻이었다고 합니다.

그러면 친구가 느닷없이 다가와서 "빨리 죽여ﾉﾈ"라고 한다면 기분이 어떨까요?

정상적인 상황이라면 그냥 놀라고 말 일은 아니겠지요. 그런데 오카야마岡山에서는 '죽이다'가 '살해하다'가 아니라 '하다'라는 것으로 '빨리 죽여'는 '빨리 해ﾚﾅﾊﾞﾋﾞ'라는 의미라고 합니다.('하다'를 의미하는 '죽여'는 후쿠이 현에서도 사용한다. - 글쓴이)

어떤 사투리는 그 지역 사람이 아니면 무슨 말인지 짐작조차 할 수 없는 경우도 있습니다. 이런 사투리와 맞닥뜨리면 지금까지 한 나라에서 살아왔고 같은 언어를 쓰고 있으니 당연히 대화가 통할 것이라는 막연한 신념, 즉 '당연함'이 사정없이 무너지고 맙니다.

그럼, 이쯤에서 사투리와의 만남을 계기로 하여 사회학이라는 학문을 시작해봅시다.

✳
말이 통하지 않는다

사투리와 맞닥뜨리면, 한 지방의 말이라는 의미에서 지방
의 존재를 느끼게 하는 동시에 지금까지 내가 당연하게 사용
해온 말이 통하지 않는다는 자신의 지역성을 자각하는 계기
가 됩니다.

1972년, 나는 간사이가쿠인関西学院대학의 사회학부에 입학
했습니다. 고등학생 때와 달리 속박당하지 않고 자유롭게 재
수생 시절을 보냈는데, 대학은 수강 과목이나 담당 교수를 마
음대로 선택할 수도 있으니 그때보다 훨씬 자유롭고 재미있
는 생활이 기다리고 있을 것이라는 기대에 들떠 있었습니다.

그런데 수강 신청을 하는 단계에서 깜짝 놀랐습니다. 요일
에 따라 1교시나 마지막 5교시에 선택의 여지가 없는 필수 과
목이 들어 있었습니다. 게다가 1학년 때 꽤 많은 학점을 따놓

지 않으면 안 된다는 사실도 깨달았습니다.

이러한 사실을 알고는 입학한 후 친해진 친구들 앞에서 나도 모르게 이렇게 내뱉었습니다.

"겁나네!"

친구들은 상반신을 살짝 뒤로 젖혀 흠칫한 표정으로 나를 보았습니다.

"왜 그려? 뭐가 겁나는데?"

그 질문에 오히려 내가 더 놀랐습니다. 그래서 다시 한 번 말했습니다.

"아니, 겁나잖아. 수업을 이만치 많이 들어야 하잖아."

친구들은 더욱 이해할 수 없다는 표정으로 말했습니다.

"'겁나다'니, 뭐가? '무섭다'는 말 아니야?"

즉, 친구들은 '겁나네'라는 내 말에 반응하여 뭔가 무서운 일이 생겼다고 판단하고는 긴장했던 것입니다.

그런데 나는 나라奈良에 살고 있었습니다. 대학은 효고兵庫 현이라고는 해도 오사카大阪에서 가까운 니시노미야西宮 시에 있으니, 집과 학교는 같은 간사이関西(오사카, 교토를 비롯하여 효고 현, 사가 현, 나라 현, 와카야마 현을 아우르는 일본의 서쪽 지역을 일컫는 말 – 옮긴이) 지역에 속해 있었습니다. 게다가 다른 지방 출신이라면 모르지만, 친구들은 오사카나 고베神戸 등지에 사는 간사이 지역 사람이었습니다. 그러니 말이 통하지 않으리라고는 꿈에도 생각하지 않았습니다.

"'엄청나다'는 말이야."

같은 일본인이면서 왜 통역이 필요할까, 하는 생각에 무안해하면서 대답했습니다.

"너, 어디서 왔나?"

"나라."

"아, 나라구나. 나라에서는 그런 말 쓰나?"

친구는 진지한 표정으로 이렇게 물었습니다.

"나라에서는 집에서 사슴 키우나?"

나라국립공원이나 요시노吉野의 산속이라면 모를까, 아무리 사슴이 많기로 유명한 나라라고 해도 시내에 있을 리 없습니다. 하물며 개인이 사슴을 키우지도 않습니다.

이때 처음으로 사람들이 나라를 간사이에서도 '시골'로 인식한다는 사실을 알았습니다.

✳
전화번호는 숫자일 뿐?

　대부분의 일본 대학에서는 1학년 때 스무 명 정도씩 묶어서 '제미'라고 하는 스터디 그룹이 됩니다. 이는 고등학교의 학급과 같은 역할을 하므로, 이 '제미'와 '어학'으로 나뉜 급우와 이후의 대학 생활에서 많이 교류합니다.

　그런데 제미 멤버의 연락망을 만든다면서 대표를 맡은 여학생이 내 전화번호를 물었습니다. 그때는 휴대 전화가 없던 시대여서 당연히 집 전화번호를 알려줬습니다.

　내가 "07443에……"라고 부르기 시작하자, 그 여학생은 "잠깐만, 뭐라고?"라고 되물었습니다. 의아하게 느껴졌지만, 다시 한 번 "07443에 2에……"라고 계속했습니다. 하지만 시내 번호인 2를 말했을 때 그 여학생은 "잠깐만, 뭐라고?"라며 또 다시 되물었습니다.

왜 내 전화번호를 받아 적는데, 그녀는 그렇게 제동을 걸었을까요?

알고 봤더니, 그 여학생은 오사카 출신으로 오사카 지역번호는 '06'의 두 자릿수입니다. 참고로 고베는 '078', 교토는 '075'로 세 자릿수입니다. 그러니 지역번호가 기껏해야 세 자리 정도일 거라고 예상하던 여학생은 지역번호를 들은 뒤 시내번호 앞에 하이픈을 그으려 하다가 내가 끝도 없이 지역번호를 늘어놓으니 미처 대응하지 못했던 것입니다.

게다가 오사카 시내번호가 네 자릿수이니 시내번호는 적어도 두 자릿수는 될 거라고 생각했던 여학생의 예상을 뒤엎은 것이었습니다. 우리 집 시내번호는 한 자리뿐이어서 여학생은 하이픈을 그을 준비가 안 돼 있었던 것입니다.

하지만 머뭇거리는 대응을 이상하게 느끼면서도 여학생이 왜 그렇게 행동했는지 이해한 것은 다 만들어진 연락망을 받아 든 후였습니다. 나는 놀랐습니다. 지방에서 온 학생도 있었지만, 그런 친구들은 하숙을 하고 있으니 당연히 오사카나 고베의 전화번호가 적혀 있었습니다. 그러니 전화번호에서 지역번호가 다섯 자리나 되는 학생은 나 말고는 아무도 없었습니다.

부자연스러웠던 여학생의 태도를 이해는 했지만, 여학생이 취한 행동의 이면에는 지역번호의 '길다/짧다' 이상의 문제가 내포돼 있다는 생각이 들었습니다. 그것은 지역번호 자릿수가 긴 곳은 '시골'을, 시내번호가 짧은 곳도 '시골'을 의미한다는 사실입니다. 그 반대는 '도시'를 뜻하고요.

물론 전화국에서 그런 의미를 부여하면서 번호를 배정하지는 않았겠지요. 대도시부터 순서대로 시외번호를 붙이고, 도시에서는 사용되는 건수가 많아지면 시내번호를 늘렸을 겁니다. 하지만 전화번호에서 또 다른 메시지를 읽은 나는 전화국을 원망했습니다.

그리고 당시의 나는 '촌놈'으로 취급당하고 싶지 않은 나머지 사투리가 튀어나오지 않도록 과묵해졌습니다. 누가 전화번호를 물어보면 어떻게 해서든 '시골'이라는 인상을 주지 않기 위해 "074에 432에……"라며 지역번호 사이에 하이픈을 넣어 도시를 의미하는 자릿수로 맘대로 바꿔서 말했습니다. 어차피 전화할 때는 하이픈을 누르지 않으니까요. 내 나름대로 지혜를 짜내 필사적으로 저항했던 것입니다.

의식의 배후에 있는 사회

제 여자 친구는 하카타博多 출신입니다. 동아리에서 만나 첫눈에 반해 용기 내어 고백했더니, 그녀도 "내도 당신이 좋아유"라고 대답해주었습니다. 그땐 정말 하늘을 나는 기분이었습니다. 그녀의 '좋아유'라는 사투리가 제 마음을 완전히 녹였습니다. 그래서 저는 사투리가 좋습니다.

이 글은 작년 수업 시간에 학생들이 써낸 사투리에 대한 의견 중 하나입니다. 내가 대학생이었을 때의 사투리에 대한 감각과는 다르게, 방언에 대한 평가가 높아진 것입니다. 즉, 도시에 비해 지방을 보는 시선이 시대가 흐르며 변했다는 사실을 알 수 있습니다.

사투리를 대하는 사람들의 인식이 변화하는 가운데, 2010년

NHK에서 방영한 대하드라마 〈료마전龍馬伝〉은 이런 현상의 상
징이라고도 할 수 있지 않을까요.

〈료마전〉은 일본에서 매우 인기 있는 역사적 인물 사카모토
료마坂本龍馬를 주인공으로 내세웠을 뿐만 아니라, 료마 역을
인기 절정의 배우이자 뮤지션인 후쿠야마 마사히로福山雅治가
맡아서 높은 시청률을 기록했습니다.

"어딘가 니가 살 곳이 있을 끼다!"

"그렇게 쉽게 목숨을 버리문 우짜노."

여러분도 후쿠야마 마사히로가 내뱉는 도사土佐 사투리가
남자답고 멋있다고 생각하지 않았나요? 하카타 사투리로 말
하는 여자 친구에게 마음을 홀딱 빼앗겼다는 학생의 의견에
서도 사투리를 매력의 요소로 받아들인다는 사실을 엿볼 수
있습니다.

'사투리'를 연구하는 다나카 유카리田中ゆかり 교수는 현대는
상황에 따라 사투리를 적재적소에 활용하여 자신을 포장하기
도 하는 '사투리 코스프레' 시대라고 말합니다. 그러면 1970년
대에 나는 '시골뜨기'라는 사실을 왜 그렇게 감추려고만 했을
까요?

1970년 일본 만국박람회가 오사카에서 개최되어 6,400만
명이 넘는 입장객을 맞이했습니다. 전시회장 중에서도 인기

가 많았던 곳은 미국관으로, 인류 최초로 달 표면에 착륙한 아폴로 8호의 사령선과 '월석'이 전시되었습니다. 관람객들은 JR 일본국철(일본국유철도)을 이용하여 전국 방방곡곡에서 오사카로 몰려들었고, 일본 전역이 박람회에 대한 관심으로 들끓었습니다.

지금까지 국내를 여행한 적이 없던 사람들이 만국박람회를 계기로 철도를 타고 여행하는 경험을 하게 되었던 것입니다. 그리고 국철은 박람회 후에도 이용객의 확보와 증대를 위해 적극적으로 홍보에 나섭니다. 이는 "디스커버 재팬—아름다운 일본과 나"라는 캐치프레이즈를 내걸고 전개되었습니다.

국철의 캐치프레이즈에 발맞추어 탄생한 잡지가 〈앙앙an·an〉 (1970년 창간)과 〈논노non·no〉(1971년 창간)입니다. 젊은 여성을 타깃으로 한 이런 잡지에는 도시화되어가는 일본에서 전통적인 풍경을 간직한 지역이 소개되었습니다.

〈앙앙〉, 〈논노〉를 손에 들고 잡지에 소개된 지역으로 향한 젊은 여성들은 산으로 둘러싸인 작은 분지인 '쓰와노津和野'나 나카센도中山道(에도시대에 교토와 에도를 연결했던 길 - 옮긴이) 기소지木曾路(기소라는 지역을 지나므로 기소지라 불렸는데, 많은 관리나 왕족이 이용하면서 그 길을 따라 숙박지가 형성되었다 - 옮긴이)의 숙박 시설이 모여 있는 '마고메馬籠와 쓰마고妻籠'로 향했습니다. 앙논족이라는 신조어가 생겨날 정도로 사회적으로 큰 파장을 일으켰지요.

앙논족의 중심은 여대생이었습니다. 그래서 나는 대학 2학년 여름방학이 끝날 무렵에 같은 제미에 있던 여학생에게 '애국에서 행복으로'라는 문구가 적힌 국철 기차표를 기념품으로 받은 기억이 있습니다. 홋카이도의 히로広尾선에 '애국'과 '행복'이라는 역이 있는데, 앞서 말한 앙논족이 애국 역에서 내려 자신이 간직하거나 친구에게 줄 기념품으로 기차표를 여러 장 샀던 것입니다. 지금의 기차표는 승차역과 가는 곳까지의 요금만 표기되어 있지만, 당시에는 승차역과 하차역이 표시되어 있어서 기차표도 왠지 운치가 있었습니다.

그렇다면 역사와 문화의 향기를 찾아 떠나는 지방 여행이 젊은이들에게 인기였던 시대에 왜 나는 나라 출신이라는 이유로 주눅이 들어 있었을까요?

2차 대전 후 일본은 전쟁의 폐허에서 급격한 발전을 이뤄냈습니다. 그렇지만 도시와 지방의 발전 속도는 달랐습니다. 1970년대의 지방은 옛날 그대로의 일본 풍경이 많이 남아 있었습니다. 말하자면, 옛날 그대로의 풍경을 옛것이라 여기는 도시 사람들과 젊은이들에게는 뭔가를 발견할 수 있는 장소가 바로 지방이었습니다. 그러나 도시 사람에게 지방이 뭔가를 발견할 수 있는 곳이었다고 하면, 지방 사람들은 도시 사람들의 '구경거리'가 되어버린 셈입니다.

미국관에 많은 사람이 모여들었다는 사실에서 알 수 있듯이 진보를 '선善'이라 여기는 가치관이 팽배했던 시대에 지방 사람으로서 진보에 뒤처진 존재라는 생각에 주눅이 들었던 것은 아닐까요.

이렇듯 개인을 둘러싼 시대와 사회로 눈을 돌려 생각해보면 개인의 의식이 단순히 개인이라는 닫힌 세계에서 생겨나는 것은 아니라는 사실이 새삼 뚜렷하게 드러납니다. 즉, 자신이 기반을 두고 살아가는 사회의 영향을 받아 개인의 의식이나 감정이 형성되는 것입니다.

'인간과 인간', '인간과 사회'. 이 둘 사이의 관계를 파헤치고 이해하는 학문이 사회학입니다.

✳

메시지에 실린 메시지

　지금까지 사투리와 전화번호를 둘러싼 논의를 '시골/도시'
라는 틀에서 전개했습니다. 여기서 조금 관점을 바꿔서 생각
해봅시다.

　다시 전화번호로 돌아가서, 지역번호 '03'은 도쿄, '06'은 오
사카를 나타냅니다. 이렇게 지역번호는 특정 지역을 나타내
는 메시지에 지나지 않습니다. 그것을 나는 '시골/도시'의 구
분을 의미하는 다른 메시지로 받아들였습니다.

　이런 면에서 생각해보면, 평소에는 아무렇지도 않게 사람
들과 커뮤니케이션을 나누지만 메시지를 직선적으로 발신하
거나 받아들이는 단순한 커뮤니케이션만 하는 것은 아니라는
생각이 듭니다.

　개인적인 사례를 예로 들어보면, 2층 거실에서 내가 아내와

텔레비전을 보고 있을 때 아내는 꼭 이렇게 말합니다.

"커피 마시고 싶지 않아요?"

아내가 발신한 메시지를 직선적으로 읽어내면 단순히 '커피가 마시고 싶어졌다'라는 의미일 뿐입니다. 하지만 내가 "그렇긴 하네"라고 되받으며 커뮤니케이션을 닫아버리면 두 사람의 관계에는 금이 가기 시작합니다. 사실 아내가 발신한 의미는 이렇습니다.

"여보, 내가 지금 커피가 마시고 싶으니 당신이 아래층 부엌으로 내려가 커피를 타서 2층으로 가져다줘요."

"커피 마시고 싶지 않아요?"에는 이런 메시지가 포함되어 있습니다. 그러니 나는 바로 일어나 아내가 원하는 행동을 취해야 합니다. 그래야 원만한 부부관계를 유지할 수 있습니다.

여러분도 이런 경험이 있지 않나요? 여자 친구가 "일요일에 뭐 해?"라고 물었는데 "아무것도 안 해"라든지 "뭐 사러 가야 돼"라고 대답하면 안 되겠지요. "뭐 해?"는 무엇을 할 예정인지를 묻는 말이 아니라, "우리 만날까?"라는 권유의 의미가 포함되어 있습니다.

이렇듯 메시지에는 본래의 의미뿐만 아니라, 본래의 메시지를 설명하는 메시지가 있습니다. 이런 메시지를 메시지 위에 더해진, '상위'라는 의미의 '메타'를 붙여 '메타 메시지'라고 부릅니다.

'메타 메시지'는 그레고리 베이트슨Gregory Bateson(1904~1980)
이라는 미국의 인류학자이자 정신의학 연구자가 제시했습
니다.

베이트슨은 1952년 1월 샌프란시스코 플라이해커 동물원
에서 실시한 원숭이 관찰을 계기로 '메타 메시지'를 제창하게
되었습니다. 그가 관찰한 장면은 동물원에 가면 흔히 볼 수 있
는 낯익은 광경으로, 새끼 원숭이 두 마리가 서로 장난치며 노
는 모습이었습니다. 장난치며 논다고는 해도 두 마리가 주고
받는 각각의 행위나 신호는 물어뜯고 싸우며 주고받는 것과
전혀 다르지 않았습니다. 즉, 새끼 원숭이들이 주고받는 상호
작용은 싸울 때와 별반 차이가 없었습니다. 그런데도 연속적
으로 반복되는 전체 행위가 '싸움은 아니다'라는 사실은 관찰
하는 베이트슨에게도 전해졌습니다. 당연히 원숭이들도 '싸
움은 아니다', 즉 '이것은 놀이다'라는 메시지를 교환했기에
서로 장난치며 놀 수 있는 것입니다.

베이트슨의 말에 의하면 '물어뜯고 논다'는 말은 '물어뜯는
다'는 행위를 의미하지만 말 그대로 물어뜯지는 않는다는 메
시지가 더해진 메시지, 즉 메타 메시지가 포함되어 있고, 또 그
의미를 알고 커뮤니케이션하기 때문에 '놀이'가 성립됩니다.

이런 커뮤니케이션을 베이트슨은 메타 커뮤니케이션이라고 부릅니다.

'메타 메시지' 개념에 의해 전화번호의 지역번호나 시내번호의 자릿수를 '도시/시골'이라는 또 다른 메시지로 받아들인 내 상황을 이해하고 설명할 수 있습니다.

여러분이 지금까지 겪은 경험 중에도 그때는 영문을 몰라 그냥 묻어버렸던 일이 '메타 메시지' 개념으로 명확하게 설명되는 사례가 있지 않나요? 아울러 지금 일어나는 일이나 미래에 닥칠 문제를 이해하는 데 필요한 도구를 손에 넣게 되었다는 생각이 들지 않나요?

 읽을거리

《'사투리 코스프레'의 시대—가짜 사투리에서 료마어까지方言コスプレの時代》, 다나카 유카리
《마음의 생태학》, 그레고리 베이트슨, 책세상, 2006.
《박람회의 정치학—바라보는 근대博覧会の政治学》, 요시미 슌야吉見俊哉

2장

유행의 의미를 읽다

행위의 의미 해석을 둘러싸고 _____

어느 시대든 유행하는 패션이 있습니다.

내게는 레깅스의 등장이 충격이었습니다. 남성이 입는 이너웨어인 속바지(말하자면 내복)를 겉에 드러낸 채 거리를 활보하는 여성을 이해할 수 없었기 때문입니다. 그러고 보니 요즘 젊은 남성이 허리 아래까지 바지를 내려 입어서 팬티를 내보이는 '힙합 바지'도 이해하기 어려운 패션입니다. 닥스훈트처럼 짧은 다리를 연출하는 패션이 왜 멋있어 보이는지 환갑을 넘긴 나로서는 도무지 이해할 수 없습니다.

나처럼 나이가 든 사람은 서양 사람에 대한 동경 때문인지, 아니면 은막의 스타 이시하라 유지로石原裕次郎의 긴 다리에 매료되어서인지는 모르지만, 무조건 '다리는 길어야 멋있다'는 미의식을 가지고 있습니다. 그래서인지 아무리 생각해도 '힙합 바지'에서는 아름다움을 느낄 수가 없습니다.

게다가 바닥을 쓸기라도 하듯 바짓단을 끌고 다니는 젊은이와 우연히 마주치기라도 하면 노파심인 줄 알면서도 '공중 화장실에서는 어떻게 할까?', '더러워진 바지를 입은 채로 집에서도 생활하는 걸까?' 등 쓸데없는 참견을 하고 싶어집니다.

하지만 이러는 나도 중학생이었을 때는 나팔 모양으로 바짓단이 펼쳐진 '나팔바지'에 빠져서 교칙에 어긋나는데도 교복을 수선해 입었습니다. 학생들의 흐트러진 복장을 그냥 넘길 리가 없는 학교 측은 전교생이 모인 조례 시간에 학생들에게 교복 상의인 가쿠란을 걷어 올리라고 지시하고 점검했습니다. 교칙을 위반한 나는 단상 위로 불려 올라가 학교에서 제일 무서운 학생주임 선생에게 전교생이 보는 앞에서 호되게 혼이 났습니다.

그러고 보니 중학교 시절에 여학생들 사이에서는 '도넛 양말'이 유행이었습니다. 여학생들은 흰색 양말을 신었는데, 무릎 아래까지 오는 고무가 들어간 양말 입구를 복숭아뼈 있는 부분까지 도르르 말아 내렸습니다. 그렇게 하면 복숭아뼈 둘레에 도넛 모양의 원반이 만들어집니다. 이렇게 양말을 말아서 원반 모양으로 만든 일명 '도넛 양말'이 여학생들 사이에서 한 시절을 풍미했습니다.

여학생들이 도넛 양말을 좋아한 이유는 이렇습니다.

"발목이 가늘어 보여요."

즉, 복숭아뼈 부근까지 말아 내린 '도넛 양말'이 발목보다 두꺼워서 눈속임이 된다는 말입니다. 도넛 양말을 신으면 발목이 날씬하고 가늘어 보인다고 생각한 거지요.

지금 생각해보면 여학생들의 주장에 고개를 갸웃하게 되지만, 당시에는 받아들였습니다. '도넛 양말'을 신은 여학생은 남학생들 사이에서 인기가 있고 눈에 띄는 여학생이었기 때문입니다. 그래서인지 내 눈에도 '도넛 양말'은 예뻐 보였습니다.

여학생들은 시대에 따라 '루즈삭스', '검은 스타킹' 등 새로운 패션 유행을 선보였습니다. 여러분도 이런 식으로 유행을 따른 경험이 있지 않나요?

자, 그럼 이 장에서는 일상적으로 관심이 많아 화제가 되는 패션 유행으로 시작해서, 개인의 행위와 그 의미 해석이 사람이나 사회에 어떠한 영향을 미치는지에 초점을 맞추어 생각해보도록 합시다.

이 문제를 의논하기 위해, 인간의 행위가 사회에 어떤 식으로 공헌하는지에 주목했던 사회학자 로버트 K. 머튼Robert K. Merton(1910~2003)의 이론을 바탕으로 이야기를 진행해보려 합니다.

✳ 유행이란?

 도대체 유행을 어떻게 받아들이면 좋을까요?

 만약 '힙합 바지'를 '멋있다'고 생각하는 보편적인 미의식이 있다면, 대부분의 사람들이 입겠지요. 그런데 패션은 시대에 따라 나타나는 현상이고 변하기 쉬워서 보편적인 현상이 되지는 않습니다.

 프랑스의 〈엘르ELLE〉 등 패션 잡지를 분석한 롤랑 바르트Roland Barthes(1915~1980)는 《모드의 체계》에서 옷을 논하는 언어가 모드mode(유행)를 낳는다고 주장합니다.

 바르트는 "옷깃을 여느냐, 닫느냐에 따라 스포티하게도, 드레시하게도 연출되는 카디건"이라고 패션 잡지에 실린 광고 문구를 예로 들어 논합니다. 애초에 '열린' 옷깃 자체에 스포티한 분위기가 있을 리 없고, '닫힌' 옷깃 자체에 드레시한 분위기가 있을 리 없습니다. 카디건 옷깃의 '열림/닫힘' 자체에는 아무런 의미가 없습니다. '열림'과 '닫힘'이라는 대립 관계를 부각시키면서 그 말이 의복에 의미를 부여하는 것입니다.

바짓단이 넓은 바지도 시대와 함께 '나팔바지'에서 '벨 보텀' 그리고 '판탈롱'으로 이름을 바꾸었고 결국 사라졌습니다. 이렇게 모드가 생겨나서 사라지는 모습을 바르트는 다음과 같이 설명했습니다.

모드는 어제까지 '훌륭하게 디자인된 라인'이었던 것을 오늘은 아무렇지도 않게 '주름지고 흠이 있다'는 식으로 말한다. 모드는 '올해는 젊고 유연한 라인의 슈트가 트렌드'라고 말하는데, 그렇다면 작년 슈트는 '나이 들어 보이고 경직'된 라인이었나?

–《모드의 체계》

그리고 이렇게 덧붙입니다.

모드의 정보는 무료가 아니다. 그러기에 모드의 정보로부터 배제된 사람에게는 '유행에 뒤진 사람le démodé'이라는 불명예스러운 낙인이 찍힌다.

–《모드의 체계》

언어가 자아낸 이미지가 사람들을 매혹시키고, 또 언어가
'내 것으로 만들고 싶다'는 마음을 부추겨 유행이 전개됩니다.
이렇게 유행에 있어서 인간은 의미를 만들어내고, 의미에서
이미지가 환기되어 사회현상을 만들어내게 됩니다.

누가 기준인가?

　이번에는 정해진 교복을 교칙을 어겨가며 고쳐 입는 학생들의 행위에 초점을 맞춰봅시다.

　내가 바짓단을 나팔 모양으로 넓혀 교칙에 어긋나는 교복을 입고 등교하는 모습을 보고 어머니는 "얘야, 왜 바지를 그렇게 입니! 그거, 교칙 위반이잖아"라며 야단치곤 하셨습니다. 그렇게 화내시는 어머니를 향해 나는 이렇게 대답했습니다.

　"그렇게 말해도, 다들 이러고 다녀."

　그러면 어머니는 곧바로 되받아치셨습니다.

　"뭐? 다들 그러고 다닌다고? 그럼, 야마다도 그래? 가와구치는 어떤데? '학교 남학생들이 전부 그러고 다닌다'는 거니?"

　물론 어머니 말씀이 옳았습니다. 학교 남학생 전원이 교칙을 위반하고 '나팔바지'를 입지는 않았기 때문입니다. 하물며 어머니가 말씀하신 야마다나 가와구치는 패션에는 전혀 관심이 없는 착실하고 참한 아이들이었습니다.

나로서는 '학교에서 인기 많은 가가 같은 애는 왜 말하지 않지? 가가는 나처럼 나팔바지를 입고 다니는데……'라는 생각이 들었습니다. 그러니 내 기준에서 본다면 정말 '다들' 그러고 다니는 것이었습니다.

그러면 어머니와 나는 똑같이 '다들'이라고 표현하면서, 어디서부터 어긋나 맞물리지 않는 대화를 하게 된 것일까요?

어머니가 말하는 '다들'은 착실한 야마다나 가와구치를 기준으로 하여, 나와 같은 중학교에 다니는 남학생 전원이 대상이었습니다. 그에 비해 내가 말하는 '다들'은 내가 어울려 다니는 친구를 기준으로 그들 모두라는 의미의 '다들'이었습니다. 그런 점에서 '다들'이라는 말이 둘 다 틀리지는 않았지만, 서로가 바라보는 대상 집단이 달랐습니다.

이러한 문제를 푸는 열쇠로 '준거 집단reference group'이라는 개념이 있습니다. 이 개념은 사회학자 로버트 K. 머튼이 제시했습니다. 어떤 집단에 준거하는 행위를 머튼의 이론으로 설명하면 이렇습니다. 예를 들면 일진에게는 일진의 패션이 있습니다. 또 폭주족들은 '샤코탄車高短'이라고 불리는 방법으로 차체를 낮게 개조합니다. 내가 볼 때는 그렇게 개조한 차가 아무 매력도 없지만, 폭주족들은 개조한 차를 '멋있다'고 해석합니다. 그래서 그들에게는 차체를 낮게 개조하는 것이 의미가 있습니다.

그런 의미에서 보면 중학 시절의 교칙을 위반한 내 복장도 설명이 됩니다. '나팔바지'라든지 '도넛 양말'은 자신이 준거한 집단이 '멋있다'고 판단하여 입고 있으니, 자신도 따라서 그런 바지나 양말을 착용한 것입니다.

이렇게 사람은 실제로 주위에 있는 집단에 준거하는 경우도 있지만, 자기와는 거리가 먼 세계에 있는 '동경하는 집단'에 준거하는 경우도 있다고 머튼은 말합니다. 예를 들면 해상보안관을 주인공으로 한 만화《해원》은 많은 독자를 확보하고 드라마로도 방영되었으며 영화로까지 제작되었습니다. 만화를 읽은 사람이나 영화를 본 사람이 목숨을 바쳐 인명을 구조하는 해상보안관을 동경하여 그 직업에 종사하기를 꿈꾼다면, 그 사람들에게는 해상보안관이 준거 집단이 됩니다. 즉, 준거하는 해상보안관을 미래 자신의 모습으로 여기고 지향합니다.

※

사회에 대한 숨겨진 공헌

머튼의 이론은 일상생활을 이해하는 데 도움을 줄 뿐만 아니라 시사하는 바가 큽니다. 여기서 머튼의 이론을 좀 더 파고 들어 행위의 의미 해석과 이를 바탕으로 한 사회와의 관계에 관해 생각해보도록 합시다.

대표적인 학교 행사로 문화제와 운동회가 있습니다. 또 학년별 행사로 반 대항 구기대회나 합창대회가 개최되기도 합니다. 이런 행사는 팀 또는 반 대항으로 우승 자리를 놓고 서로 겨룹니다. 평소에는 단합이 잘 안 되던 반도 다른 반에 대한 경쟁 심리가 발동되어, 운동회에서 승부가 갈리는 마지막 종목인 릴레이가 시작되면 친하지 않은 반 친구가 주자로 뛰더라도 반 전체가 성원을 보내곤 합니다.

이런 학교 행사의 모습을 머튼의 이론에 의해 생각해봅시다. 머튼이 찾아낸 사례는 미국 원주민 호피Hopi 족이 행하던 '기우제 의식'입니다. 호피 족이 살던 땅에서는 오랫동안 가뭄이 계속되면 농작물뿐만 아니라 사냥에도 악영향을 미쳤는데, 그것을 부족 사람들은 신이 화났기 때문이라고 생각해서 부족 전체가 '기우제 의식'을 치릅니다.

물론 과학적인 교육을 받은 현대인들은 이러한 의식을 치른다고 해서 비가 올 리는 없다고 생각하고 미개 민족의 미신적 관행으로 단정짓곤 합니다. 하지만 그들은 의식을 치름으로써 부족의 염원이 신에게 전달되고, 신이 부족민의 마음을 받아들이고 용서하면 비가 내린다고 생각합니다. 부족민들은 비가 올 때까지 몇 번이고 의식을 치릅니다. 비가 내리지 않으면 '부족민 모두의 마음이 단결되지 않았다'든지 '신에 대한 믿음이 부족하다' 등의 이유를 들어 계속해서 의식을 치르겠지요.

그러다가 비가 내리면 '기우제 의식'으로 인해 부족 사회의 염원이 이루어졌다고 생각합니다. 이렇게 명확한 욕구에 바탕을 둔 행위로 집단 사회에 공헌하는 눈에 보이는 행동을 머튼은 '현재적 기능manifest function'이라고 부릅니다. 그런데 '기우제 의식'은 현재적 기능과는 다른 역할을 한다고 머튼은 말합니다. 부족민 한 사람 한 사람이 모여 '기우제 의식'에 참가

하고 기도하는 행위가 부족 구성원의 마음을 하나로 모으는 계기가 되어 결과적으로 부족민의 유대감을 높이게 되는데, 이것이 '기우제 의식'의 또 다른 역할입니다.

물론 애초에 의식에 참여한 부족민도 '연대감'을 굳건하게 다지려는 의도는 없었습니다. 오로지 '비'를 바라는 마음뿐이었습니다. 머튼은 숨겨진 기능을 '잠재적 기능later function'이라고 부릅니다. 즉, 잠재적 기능이란 행동하는 사람들이 의식하지 못하는, 드러나지 않은 집단적인 사회 공헌을 말합니다.

우승을 겨루는 것이 목적인 학교 행사는 현재적 기능으로 본다면 반 대항으로 우승을 노리는 것입니다만, 그 과정에서 각 반의 연대감이 높아진다면 그것은 학교 행사의 잠재적 기능입니다.

✳
미리 배우는 미래

　머튼의 이론을 더 살펴보기 전에 첫 데이트 이야기를 해보겠습니다. 아쉽게도 내 첫 데이트는 비참하게 끝났습니다.

　재수생 시절, 교토에 있는 재수 학원에 다니던 나는 집에서 교토까지 급행열차를 이용하여 통학했습니다. 가을이 되어 2학기 수업이 시작되었을 무렵이었습니다. 내가 타는 다음 역에서 항상 친구와 함께 타는 여학생이 있었습니다. 사람의 습성은 재미있어서, 아무 데나 앉아도 되는데도 한번 앉기 시작하면 그 자리가 지정석처럼 되어버립니다. 그 여학생도 항상 내 앞자리에 앉았습니다.

　나는 그 여학생을 좋아하게 되었습니다. 기회라는 것은 한번은 찾아오는 법인지라, 항상 두 사람이 함께 탔는데 그날은 친구 없이 여학생 혼자였습니다. 교토 역에 도착하여 열차에서 내리자마자 나는 용기를 내어 여학생에게 다가갔습니다.

"안녕하세요? 오늘은 혼자네요."

여학생은 조금 놀라면서도 "친구는 몸이 아파서 쉰대요"라고 대답해주었습니다. 서글서글한 인상의 그녀는 교토여자대학 1학년생으로 나와 동갑이었습니다. 출신 고등학교를 물어보고 그 학교로 진학한 친구의 이름을 들먹이면서 나는 그녀와 마음의 거리를 좁혀나갔습니다. 그리고 어찌어찌해서 다음에 만날 약속까지 했습니다.

나는 좋아서 하늘을 날 것만 같았습니다. 생애 첫 데이트였습니다. 있는 지혜, 없는 지혜를 다 짜내어 데이트 코스를 짰습니다. 일단 가와라마치河原町로 가서 커피숍에 들어간다. 그 뒤에 가모가와鴨川 강변을 따라 산책하면서 기요미즈데라清水寺로 간다. 그러다 보면 점심시간이 된다. 점심은 어디서 먹을까? 이탈리안이라면 '마르코폴로', 중국 요리라면 '춘풍각', 오코노미야키라면 '돈'이 좋겠지…….

머릿속이 온통 첫 데이트 계획으로 꽉 차 있던 나는 데이트 전날 학원에서 집으로 향하던 길에 우연히 고등학교 선배와 만나게 되었는데, 그것으로 운이 다했습니다. 처음이기도 하고 실수하고 싶지 않은 마음에 선배에게 내가 세운 데이트 계획을 이야기하고 의견을 물어보았습니다. 그러자 선배가 이렇게 말했습니다.

"기요미즈데라로 가는 건 너무 뻔하지 않아? 거기보다 지온인知恩院이 좋아. 사람도 별로 없고, 절 문을 통과해서 언덕을 올라가면 법당도 있고……. 나라면 지온인을 추천하지."

나는 지온인에는 가본 적이 없었습니다. 그런데도 선배는 "가와라마치에서 히가시야마東山 쪽으로 걷다 보면 바로 지온인이야. 금방 찾을 수 있어"라고 말하는 바람에 급히 코스를 변경했습니다. 우선 만나서 가와라마치까지는 무난하게 갔고, 다음은 지온인이었습니다. 그런데 어디서부터 잘못된 건지 지온인이 보이지 않았습니다. 지온인으로 가려고 한 시간 가까이 헤매면서 그녀와의 대화는 활기를 잃었고 급기야 침묵이 이어졌습니다. 단숨에 어두워진 데이트 분위기를 만회해야겠다고 생각한 나는 이럴 때를 대비해 계획해둔 음식점으로 가려고 했습니다. 그런데 음식점으로 가려고 해도 지금 둘이서 걷고 있는 곳이 어딘지 몰랐습니다. 그렇게 우왕좌왕하는 나를 보고 그녀가 힘없이 말했습니다.

"그냥 집에 가자."

그녀와의 데이트가 처음이자 마지막이 된 순간이었습니다.

이렇게 내 첫 데이트는 실패로 끝났습니다만, 물론 데이트 실패담이 주제는 아닙니다. 내가 하고 싶은 말은 그때까지 경험하지 못했던 데이트인데도 어떻게든 데이트에 어울리는 상황을 만들려고 했다는 점입니다. 즉, 미경험자임에도 불구하고 나도 모르는 사이에 데이트가 무엇인지 익혔고 이를 수행하려고까지 했습니다. 바꿔 말하면 무자각의 학습에 의해 어른의 단계에 오르려 했던 것입니다.

여기서 식품회사 크로거Kroger가 1954년 여름에 실시한 흥미로운 실험을 소개하겠습니다. 식품회사 연구원이 열 살 미만의 어린이 수십 명을 슈퍼마켓에 데리고 갔습니다. 그리고 어떤 물건이든 상관없으니 20종류의 물품을 무료로 고르게 했습니다. 물론 어린이들이 어떤 상품에 관심을 가지는지 조사하기 위한 실험이었습니다.

연구원은 어린이들이 쇼핑 카트에 물건을 넣는 과정을 기계적 기록 장치를 이용하여 기록했습니다. 그런데 사회과학자가 상세하게 분석하기도 전에 연구원은 쇼핑을 마친 어린이들의 쇼핑 카트를 살펴보고 깜짝 놀랐습니다. 물론 쇼핑 카트에는 어린이들이 지금 당장 먹고 싶어 하는 과일이나 사탕이 들어 있었습니다. 하지만 그뿐만이 아니었습니다. 놀랍게도 밀가루, 고기, 채소 등 부모가 고를 법한 물품까지 있었습니다.

미국의 슈퍼마켓은 백화점처럼 카메라나 장난감도 즐비합

니다. 그런데 어린이들은 그런 물건을 고르지 않고 부모가 고를 법한 물품을 스스로 쇼핑 카트에 집어넣었습니다. 그리고 예상했던 것보다는 사탕이나 아이스크림을 많이 고르지 않았습니다.

이 조사 사례는 사회학자 데이비드 리스먼David Riesman (1909~2002)이 《무엇을 위한 풍요로움인가?Abundance for What?》에서 소개한 것입니다. 리스먼은 이 실험 사례야말로 머튼이 논하는 '예기적 사회화anticipatory socialization' 개념을 잘 나타낸다고 지적합니다. 예기적 사회화는 '예견적 사회화' 혹은 '미리 배우는 사회화', '기대적 사회화'라고도 해석할 수 있는데, 미래에 자신이 획득할 지위나 역할에 필요한 행동이나 지식을 미리 익히는 과정을 말합니다.

실험에 참여한 어린이들은 무의식적으로 미래에 부모가 될 자신을 상정하고 그 위치에 있는 인물이 하는 의미 있는 행동을 학습했습니다. 그래서 밀가루나 고기를 쇼핑 카트에 넣은 것입니다.

내 첫 데이트로 돌아가봅시다. 나는 그녀와 만나는 시간을 어떻게든 보람 있게 보내려고 계획을 짜고 노력했습니다. 하지만 곰곰이 생각해보면 '처음'이라고 말하면서도 어떻게 데이트해야 할지 미리 떠올리고 머릿속에서 그린 그림에 따라 실현하려 했습니다.

  그것은 데이트하기 전에 이성과 둘이서 시간을 보내야 하는 데이트에 관한 지식이나 행동 양식을 미리 학습했기 때문에 가능하지 않았을까요? 즉, 실패로 끝나기는 했지만 첫 데이트를 현실화시켰다는 점은 머튼이 말한 예기적 사회화에 의한 결과였다고 할 수 있습니다.

예언이 현실을 만든다

고등학교 때 같은 반에 마토바라는 친구가 있었습니다. 성적이 좋은 마토바는 오사카대학 공학부에 진학하는 것이 목표였습니다. 모의시험에서도 항상 합격권에 들어서 담임선생님도 철석같이 믿었습니다.

"마토바는 합격할 거야."

그런데 마토바는 나와 마찬가지로 대학 입시에 실패했습니다. 나와 다른 점이라면 성적이 좋은데도 시험을 잘 치르지 못했다는 점이었습니다. 고등학교 입학시험을 보는 날에도 마토바는 특별한 이유 없이 컨디션 조절에 실패해 실력을 발휘할 수 없었습니다. 그래서 그는 실전에 약하다는 징크스를 혼자 아는 것을 넘어 주위 사람들에게까지 알린 셈이었습니다. 친구들도 그래선 안 되는 줄 알면서도 뒤에서 수군거리곤 했습니다.

"마토바, 그날 괜찮을까?"

무엇보다 마토바 스스로가 대학 입시 치르는 날을 가장 두려워했습니다.

시험 치르는 날, 마토바는 전철을 타고 대학교로 향했습니다. 그런데 환승역인 오사카·난바 역에서 빈혈로 쓰러졌습니다. 그래도 어떻게든 기운을 차려 시험장에 도착했습니다. 하지만 이미 마토바의 능력은 반감되었습니다. 시험을 치르기는 했지만, 제 실력을 발휘하지 못했기에 합격하지 못했습니다.

마토바도, 그리고 주위 사람들도 걱정하던 것이 현실이 되어버렸습니다. 바꾸어 말하면 실제 시험에서 능력을 제대로 발휘하지 못할 것이라며 정신적인 유약함을 의식한 그는 그런 일이 일어나지 않을까 지나치게 걱정한 나머지 오히려 걱정하던 상황을 만들어버린 것입니다. 이렇듯 어떤 상황이 발생할 것이라고 생각해서 행동을 취할 때, 그렇게 생각하지 않았으면 발생하지 않았을 상황이 실제로 나타나는 현상을 머튼은 '자기 충족적 예언self-fulfilling prophecy'이라는 개념으로 설명합니다.

머튼은 1932년 내셔널은행의 지급 불능에 의한 파산 사태를 예로 들었습니다. 사태의 발단은 내셔널은행이 지급 불능 상태에 빠졌다는 소문이었습니다. 소문이 퍼지자 불안해진 예금자들이 예금 인출을 요구하며 은행으로 몰려들었습니다. 원래 은행은 예금자가 맡긴 돈으로 대출해주고 거기에서 얻은 이자와 예금자에게 주는 이자의 차익으로 수익을 냅니다. 그러니 예금자가 일제히 예금 인출을 요구하면 이미 예금자가 예치한 돈을 빌려준 상태이므로 아무리 경영이 건전해도 은행은 지급 불능 상태에 빠지게 됩니다.

이렇게 해서 내셔널은행은 파산할 것이라는 사람들의 소문에 의해, 또 그 상황을 피하려는 사람들의 행동에 의해, 파산한다고 생각하지 않았으면 발생하지도 않았을 파산이라는 상황을 현실로 맞이하고 말았습니다.

✳

범죄도 사회현상의 하나?

지금까지 유행이라는 가벼운 화제로 시작해서 일상생활에서 볼 수 있는 우리의 행동을 머튼의 이론을 바탕으로 살펴보았습니다. 특히, 의도한 행위가 결과적으로는 본인이 의도하지 않은 결과를 낳는다는 것은 꽤 흥미롭지 않습니까?

에밀 뒤르켐Emile Durkheim(1858~1917)이라는 사회학의 거장이 있습니다. 그는 《사회학적 방법의 규칙들》에서 "범죄도 사회현상의 하나"라고 말합니다. 이 문장을 읽고 나면 '그건 좀 아니지 않나?'라는 의문이 들 것입니다.

뒤르켐의 이론을 설명하면 이렇습니다. 어떤 사회든 범죄가 없는 곳은 없습니다. 하지만 무엇을 범죄로 보는지, 저지른 범죄가 얼마나 무거운 죄인지는 사회에 따라 다릅니다. 그렇다면 범죄라는 것은 저지른 내용으로 결정되기보다는 그 사

회가 무엇을 범죄로 보느냐에 따른 집합 의식collective conscience
에 의해 결정됩니다. 말하자면, 범죄가 발생하여 그것을 범죄
라고 인정하는 공동체의 도덕의식이 각성되고 고양되는 것입
니다.

뒤르켐은 소크라테스의 재판을 예로 듭니다. 소크라테스의
죄는 스스로 현자라고 굳게 믿은 아테네 사람들과 문답을 나
누어 그들이 얼마나 무지한지 지각시킨 것이었습니다. 무지
를 폭로당한 아테네 사람들은 분노했지요. 결과적으로 소크
라테스는 아테네의 신들을 등지고 젊은이들을 타락시켰다는
이유로 벌을 받습니다. 아테네의 국법에 의하면 소크라테스
는 범죄자였습니다.

그가 저지른 죄목은 '사상이 지나치게 독립적이고 자유분
방하다'는 것이었습니다. 즉, 지금으로 치면 '사상의 자유'가
죄였습니다.

소크라테스의 사례는 예외 없이 역사 속에서 주기적으로 재현되
고 있다. 예를 들면 오늘날 우리가 누리고 있는 사상의 자유도 이
것을 금했던 여러 규칙이 공식적으로 폐지되기에 앞서 이를 침
범하는 사람이 없었더라면, 결코 이런 자유를 확립할 수는 없었
을 것이다. -《사회학적 방법의 규칙들》

머튼의 이론을 바탕으로 뒤르켐의 글을 다시 읽어보면, 사회에서 범죄가 하는 역할이 보입니다. 즉, 범죄에 관한 뒤르켐의 논의에서는 '예기치 않은 결과', '숨겨진 기능'이 그 모습을 드러냅니다.

우리 주변에서 일어나는 다양한 사건을 머튼 식으로 분석해보면 지금까지와는 다른 세계가 보입니다. 부디 여러분도 이런 재미를 맛보길 바랍니다.

 읽을거리

《명제 컬렉션 사회학命題コレクション社会学》, 쓰쿠다 게이치作田啓— ·이노우에 井上俊
《사회학적 방법의 규칙들》, 에밀 뒤르켐, 새물결, 2001.
《현대 사회의 이론現代社会の理論》, 미타 무네스케見田宗介
《모드의 체계》, 롤랑 바르트, 동문선, 1998.

3장

'자아 찾기'와 이별하기

거울에 비친 자신 _____

나에게는 고등학교부터 대학까지 청춘을 함께한 친구 M이 있습니다. M과 딱 한 번 같은 여자를 좋아했던 적이 있습니다. 고등학교 2학년 때였습니다. 우리 둘의 여신이었던 미나코는 친구 야스코와 항상 함께 다녔습니다. 같은 반이었던 M과 나는 쉬는 시간이 되면 그녀를 만날 기회를 노리며 복도로 나갔습니다.

어느 날, 내가 보내는 뜨거운 시선에 답하기라도 하듯 미나코가 나를 보고 방긋 웃어주었습니다. 그녀가 미소 지을 때 살짝 드러난 귀여운 덧니가 나를 행동하게 부추겼습니다.

"미나코, 드라큘라 같아!"

나는 손가락으로 송곳니를 만들어 드라큘라 흉내를 냈습니다.

"뭐야. 네 치아, 가지런하잖아!"

이렇게 말을 되받으면서 그녀는 자신의 앞니에 검지를 옆으로 누여 갖다 대며 장난스럽게 말했습니다. 사실 내 앞니는 가지런한데, 그녀는 그것을 눈여겨보았던 것입니다. 그날부터 그녀와 종종 이야기를 나누는 사이가 되었습니다. M은 사교적이지 못한 성격이라서 우리가 나누는 대화를 야스코와 함께 옆에서 잠자코 듣고 있을 뿐이었습니다. 미나코를 향한 내 마음은 커져만 갔습니다.

고백하기로 마음먹은 날, 야스코와 항상 함께 다니던 미나코가 어쩐 일인지 혼자서 복도에 나타났습니다. 나는 용기를 쥐어짜 미나코에게 말을 건넸습니다.

"저, 미나코, 할 말이 있는데…….."

이렇게 말을 꺼내자, 그녀가 내 말을 가로채듯이 말했습니다.

"나도. 할 말 있어."

나는 마음속으로 쾌재를 불렀습니다. 하지만 뒤이어 흘러나온 말은 다음과 같았습니다.

"M한테 말 좀 전해줄래? 수업 마치고 옥상에서 기다리겠다고……."

웬걸, 그녀는 환희에 차 있던 나를 지옥으로 밀어 떨어뜨렸습니다.

즉, 미나코는 항상 나와 함께 다니던 M을 좋아했던 것입니다. 용기를 내어 미나코에게 말을 걸고 그녀와 관계를 이어나간 내 행위는 모두 그녀와 M을 연결시키기 위한 '큐피드의 화살'이라고 미나코는 받아들인 듯했습니다.

"저, 할 말이 있는데……"라고 시작한 나의 고백은 미나코가 보기에는 자신의 마음이 M에게 전달되었다는 기쁘기 그지없는 한마디였겠지요.

일이 생각지도 못했던 방향으로 전개되었기 때문에 미나코의 잘못된 해석을 부정하고 그녀에 대한 내 마음을 전할 수는 없었습니다.

"응, 알았어. 그렇게 전해줄게."

나는 굳은 얼굴에 억지 미소를 띠면서 돌아섰습니다. 사랑을 고백하는 커다란 무대에서 연기 한번 못 해본 채, 내 사랑은 산산이 부서져 공중 분해됐습니다.

그 후 교실로 돌아온 나는 방과 후 옥상에서 미나코가 기다릴 거라고 M에게 전했습니다. 생각지도 못했던 말을 전해 들은 M도 놀란 눈치였습니다.

방과 후, 혼자 쓸쓸하게 3층 교실 창가에서 먼 곳을 바라보고 있으니 옥상에서 이야기를 마친 M과 미나코가 사이좋게 교문을 나서는 모습이 눈에 들어왔습니다.

미나코와 나란히 걷는 내 모습을 꿈꿨는데 반대로 두 사람을 엮어주는 기회를 만들고, 그것도 모자라 두 사람의 사랑을 따뜻한 시선으로 지켜봐줘야 하는 내 처지를 한탄했습니다.

'난 도대체 뭐였을까?'

당시의 일기를 펼쳐보면 다음과 같이 적혀 있습니다.

아! 오늘도 나는 피에로!
어쩌다 이렇게 됐지?
아무도 모르는 곳으로 가서 새로운 나로 다시 태어나고 싶다!

보통 우리는 자신의 존재를 의심하지 않고 살아갑니다. 하지만 타인에게
비치는 모습과 자신이 그리는 자화상이 다르면 불안해합니다. 특히 내 경
험처럼, 나라는 존재가 흔들리면 스스로 '나의 존재'를 확인하려고 몸부림
칩니다.
이 장에서는 사람이 사람답게 살아갈 수 있는 과정인 '사회화'를 중심으로
논의를 진행하려 합니다. 자신의 존재가 불투명해지고 주위 사람들이 나
를 잘못 인식하고 있지는 않을까 하는 불안감에 빠져 출구도 없는 '자아 찾
기'의 소용돌이에 휘말리지 않도록, 조금이라도 도움이 됐으면 하는 바람
입니다.

의미 있는 타자 vs. 일반화된 타자

사회적 동물인 인간이 사회에서 살아가려면 자신의 내면에 사회를 받아들이면서 성장해가야 합니다. 인간이 어떻게 해서 사회적으로 살아갈 수 있도록 성장하는지, 아주 근원적인 주제에 관해 깊이 고찰한 학자로 조지 허버트 미드George Herbert Mead(1863~1931)가 있습니다.

인간은 다른 동물처럼 태어나자마자 설 수도 없거니와 스스로 먹을 수도 없습니다. 모유를 먹거나 분유를 먹는 차이는 있겠지만, 보호자가 개입하여 배를 채워줍니다. 또 보호자가 개입하여 배설물을 처리해주어야 합니다. 게다가 보호자에게 말을 배워서 타인에게 자신이 요구하는 바를 호소하거나 타인의 생각을 이해하게 됩니다.

미드는 이렇게 사회적 인간이 되어가는 과정에서 자신과 직접적으로 관계를 맺는 부모나 형제자매 등의 인물을 자신에게 없어서는 안 되는 타인, 즉 '의미 있는 타자significant others'(중요한 타자)라고 부릅니다. 남자아이가 사소한 일로 울음을 터뜨리면 의미 있는 타자에게 "남자가 울면 안 돼"라는 말을 듣는다든지, 또는 여자아이가 나무에 올라가기라도 하면 "여자가 얌전히 있어야지"라며 혼나기도 합니다. 그리고 남자는 "그런 일로 울면 안 돼"라든지, 여자는 "참하게 행동해야지" 등 사회에서 타당하다고 여기는 역할을 몸에 익히게 됩니다.

미드는 이것을 '역할 취득role taking'이라고 부릅니다. 이렇게 우리는 '남자란……', '여자란……', '엄마란……', '아빠란……' 등과 같이 의미 있는 타자의 개입으로 각 역할의 인물상을 자신의 내부에 만들어갑니다.

예를 들면 아이들이 초등학교에 입학했을 때는 자연스럽게 선생님의 지시를 잘 따르는 어린이가 됩니다. 그것은 의미 있는 타자인 보호자가 "선생님이 하시는 말씀을 잘 들어야 한다"라고 입학하기 전부터 가르쳐서 아이의 내부에 어린이의 인물상이 이미 형성되었기 때문입니다. 다시 말해, 미리 형성된 어린이 상에 따라 선생님의 지시에 따르는 어린이를 스스로 연기하게 됩니다. 이렇게 되면 학교라는 사회에서 생활할 수 있는 사람이 됩니다.

미드는 이렇게 자신의 사회성 형성에 직접 관계되는 인물인 의미 있는 타자와 달리, 자신의 내부에 형성된 다양한 사회적 역할을 짊어진 인물상을 '일반화된 타자generalized other'라고 부릅니다.

의미 있는 타자는 영어로 'significant others'라고 하는데, 타자를 의미하는 other을 복수형으로 표기합니다. 자신에게 의미 있는 타자는 어머니뿐만 아니라 아버지, 형제자매, 조부모 등 다수이기 때문에 복수형이 되는 것입니다. 그에 비해 일반화된 타자는 'generalized other'라고 단수형으로 표시합니다. 이는 자신의 내부에서 대표자의 역할을 하는 인물을 그리기 때문입니다.

흔히 "××선생은 말이야, 교수답지 않아"라고 말하곤 합니다. 이 말은 ××선생이 자신의 내부에 쌓아 올린 일반화된 타자로서의 교수상과 일치하지 않기 때문입니다.

이런 식으로 사회화되어가는 과정을 구체적인 예를 들어 좀 더 논의해봅시다. 역할 취득을 배우는 방법의 하나로 '흉내 놀이'가 있습니다. '흉내 놀이'는 만화나 영화의 주인공, 어머니 또는 교사가 되어 말투나 행동을 흉내 내는 것입니다.

야구 경기에 참가한 경우를 생각해봅시다. 당신이 투수이고 1루에는 주자가 나가 있습니다. 그런데 타자를 향해 공을 던지려는 순간, 주자가 도루를 시도합니다. 당신이 던진 공을 받은 포수는 주자를 잡기 위해 2루를 향해 공을 던집니다. 이때 2루에 있는 2루수나 유격수가 포수에게 공을 받아서 2루로 뛰어드는 주자를 잡아야겠지요. 이런 일련의 과정이 연결되는 이유는 각각의 구성원이 야구라는 게임에서 '자신의 역할'을 이해하고 있기 때문입니다. 게다가 팀 내의 다른 구성원뿐만 아니라 상대 팀 구성원의 포지션과 역할까지 숙지해야 야구 경기가 원활하게 진행됩니다.

이렇게 게임할 수 있다는 것은 '흉내 놀이'보다는 사회화의 계단을 한 단계 올라갔다는 뜻입니다. 우리는 게임의 규칙을 익히듯, 자신에게 어떤 역할이 돌아와도 사회적으로 행동할 수 있도록 학습해갑니다. 미드가 말한 대로 역할 취득을 통해 '사회화socialization'되고 사회적 인간이 되어가는 것이지요.

내 안의 또 다른 나

미드의 사회화 과정에 대한 설명을 통해 여러분이 어떻게 사회적인 인간이 되었는지 이해했으리라 생각합니다. 또 머릿속에 과거의 기억으로 새겨진 한 장면을 '의미 있는 타자/일반화된 타자' 개념으로 다시 해석해볼 수도 있을 것입니다.

태어나서부터 '지금', '여기'에 있는 자신을 다시 돌아보기 위해 미드의 이론을 좀 더 살펴봅시다.

내가 어렸을 때 살던 집에는 욕실이 없어서 대중목욕탕을 이용했습니다. 당시 같은 동네에 살던 사람들 대부분이 집에 욕실이 없었기에 대중목욕탕은 동네 사람들이 만나는 사교의 장이기도 했습니다. 대중목욕탕에 가는 것이 나에게는 즐거움 중 하나였습니다.

우리 동네 목욕탕에는 욕탕으로 들어가는 입구에 얕은 단이 있었습니다. 욕탕에 들어가기 쉽게 계단의 역할도 하고 걸터앉아 반신욕도 할 수 있도록 한 장치였는데, 이 단은 내 놀이터였습니다. 욕탕에 들어가면 가장자리를 왼손으로 잡고 오른손으로 물을 저으면서 다리를 파닥거리며 헤엄치면서 놀곤 했습니다. 학교에서 돌아와서 곧바로 가면 오후 4시쯤이었는데, 그 시간에는 손님이 거의 없었고 있다고 해도 할아버지 몇 명만 있어서 아무에게도 방해받지 않고 놀 수 있었습니다.

초등학교 2학년 때의 일입니다. 그날도 물장난을 치면서 맘껏 놀고 있었는데, 갑자기 "야! 물 튀잖아!"라는 커다란 목소리가 들렸습니다. 돌아보니 집단등교(일본에서 학생들의 안전한 통학을 위해 같은 방향에 거주하는 몇 명 이상의 학생이 조를 짜서 함께 등하교하는 제도. 주로 초등학교에서 실시한다 – 옮긴이)로 함께 등하교하는 6학년 형이었습니다.

나는 대중목욕탕에서 헤엄치는 것이 옳지 않은 행동이라고 알고는 있었습니다. 다리를 파닥거려 선배에게 물을 튀겼으니 당연히 사과해야 한다는 생각도 했습니다. 그런데 사과할 타이밍을 놓친 탓인지, 아니면 사과하기가 멋쩍어서인지 나는 오히려 선배를 노려보듯 바라보고만 있었습니다. 선배는 "야, 사과해! 사과하라고!"라며 연신 소리를 질렀습니다.

그런 선배의 재촉에 꿈쩍도 하지 않고 맞서려는 태도까지 취하니 선배는 울분을 참지 못했습니다. 급기야 이 밉살스러운 후배를 향한 분노가 극에 달했던지, 선배는 바닥에 있던 물바가지를 들어 열탕의 물을 한 바가지 퍼내더니 내 얼굴을 향해 끼얹었습니다.

나는 눈을 뜨고 있었기에 눈앞으로 흘러내리는 물이 보였습니다. 그리고 그 물줄기 너머로 흐릿하게 누군가가 다가오는 모습이 비쳤습니다. 그때였습니다. 내 머릿속에서 '울어버려'라는 소리가 들렸습니다. 그 목소리의 지시에 따라 나는 울음을 터뜨렸습니다.

물줄기 너머로 비친 사람은 이웃에 살던 아저씨였습니다. 아저씨는 "이놈, 뭐 하는 거냐!"라며 선배를 야단치면서 선배의 머리에 꿀밤을 한 대 먹였습니다. 아저씨가 목욕탕에 들어왔을 때 가장 먼저 눈에 들어온 광경은 초등학교 6학년 아이가 어린아이의 얼굴에 물을 들이붓는 장면이었겠지요.

그 전에 한 내 행동, 즉 욕탕에서 헤엄치던 것도, 발을 퍼덕거려 선배에게 물을 튀기던 것도 전혀 모르는 아저씨는 오로지 나이 많은 형이 동생에게 '심술부리는' 광경만 보고는 선배를 혼냈습니다.

'쌤통이다!'

나는 마음속으로 빙긋이 웃었습니다. 그러자 머릿속에서

또 다른 목소리가 들렸습니다.

'좀 더 크게 울어!'

그 목소리에 호응하여 나는 한층 서럽게 울었습니다.

"괜찮니? 이젠 안 그럴 거야."

아저씨는 나를 자상하게 달랜 뒤, 선배에게 이렇게 말했습니다.

"형이 돼서 어린 동생한테 물이나 끼얹고 말이야! 동생한테 미안하다고 해라!"

선배는 변명의 여지도 없이 나에게 미안하다고 사과했습니다. 선배 입장에서는 황당하기 그지없는 사건이었겠지요. 하지만 약삭빠른 나는 내심 의기양양했습니다.

그 나이 때는 대부분 '지금', '여기'에 일어난 사건에만 집중하기 때문일까요? 아니면 내가 시간이 흐른다는 것을 전혀 의식하지 못한 천진난만하고 어리석은 아이였기 때문일까요? 그 자리를 아무리 요령껏 피한다고 해도 내일이라는 날은 옵니다.

다음 날 아침, 나는 목욕탕에서 일어났던 일 따위는 까맣게 잊어버리고 책가방을 메고 집단등교를 하기 위해 모이는 장소로 나갔습니다. 그곳에는 선배가 있었습니다.

"야, 너. 어제, 지독한 꼴을 당하게 했지. 넌 이거 들어!"

그렇게 말하며 선배는 나에게 자신의 책가방을 던지듯이 건넸습니다. 나는 전날 일어난 일에 대한 벌로 선배의 책가방을 들고 등교했습니다.

미드는 내성적인 시점에서 사회를 받아들이면서 사회적 인간으로서의 자아가 형성되는 과정을 설명하는데, 논의를 발전시키는 가운데 'I와 me' 개념을 제시합니다.

위의 대중목욕탕 사건을 미드의 'I와 me' 개념으로 분석해 봅시다. 나는 욕탕에서 헤엄쳐서는 안 된다는 사실을 알고 있었습니다. 그러면서도 다리를 퍼덕거려 타인에게 물을 튀기는 등 실례되는 행동을 합니다. 그러니 사과해야 한다는 것쯤은 알고 있었습니다. '사과해야겠다'는 생각도 들었습니다. 그런데도 나는 반항적인 태도를 선택합니다.

이때, 사과하라고 요구하는 내 안의 나가 있습니다. 이렇게 사회의 규칙(규범)을 익힌 나를 미드는 'me'라고 부릅니다. 그런데 'me'의 목소리에 따르지 않고 노려보는 행동을 한 내가 있습니다. 그것이 미드가 말하는 'I'인데, 항상 'me'와 대화하면서 자신의 행위를 수행합니다.

그래서 'me'는 어떨 때는 교활해 보이기도 합니다. 예를 들면 아저씨가 나타났을 때 'me'는 울음을 터뜨리라는 지시를 내립니다. 형이 동생을 못살게 구는 행동은 용서받을 수 없다는 사회적 상식을 'me'가 알고 있기 때문입니다.

　미드는 한 개인이 자신이 처한 사회적 상황에서 어떤 행동을 취하는지에 대해 다음과 같이 말합니다.

　우리는 자기 자신을 알고 상황을 인지하고 있다. 그렇지만 자신이 어떻게 행동할지는 행위가 일어난 후에야 비로소 경험을 통해 정확히 파악할 수 있다. 　　　　　　　　　　－《정신·자아·사회》

　다시 말하면, 어떤 상황을 상정할 때 '아마 나라면…… 이렇게 행동하겠지'라고 생각하는 것입니다. 하지만 미드의 말에 따르면, 현실에서 그런 상황이 벌어지지 않으면 어떤 행동을 취할지 알 수 없고, 실제로 행동한 후가 아니면 왜 그렇게 행동했는지도 이해할 수가 없다고 합니다.

　또한 자신의 행위에 포함된 사회적인 상황을 초월하는 행동이 있는데, 그런 행동을 취한 뒤에야 비로소 자신의 경험을 통해 'I'를 알아차리게 됩니다.

　우리가 행위 그 자체에 부여된 의무에 응하는 한 'me'는 어떤 종류의 'I'를 요구한다. 하지만 'I'는 그 상황이 요구하는 것과는 어딘지 모르게 항상 다르다. 이렇게 'I'와 'me' 사이에는 항상 구분

이 존재한다. 'I'는 'me'를 끌어내기도 하고 'me'에 반응하기도
한다.

-《정신·자아·사회》

우리의 마음속에서는 매번 어떤 행위를 취해야 하는지에
대해 대화가 이루어지고 있습니다. 하지만 현실에서 선택하
는 행위는 대화의 결과로서 일어나지 않는 한 모릅니다. 바꿔
말하면, 마음속에서 이루어진 대화만 가지고는 실제 행위로
나오게 될 결론은 알 수 없으며, 행위를 취하고 나서야 비로소
자신이 선택한 행동을 알 수 있습니다. 즉, 행동하기 전 단계
에서는 명확하지 않으며, 행동을 수행한 후에야 자신의 행동
양식을 인식하게 되는 것입니다.

미드에 의하면, 사람의 성격은 당사자가 선택한 행위를 추
적해서 인식함으로써 이해할 수 있습니다. 그런 의미에서 내
성격을 대중목욕탕 사건에 비추어 생각해보면 반항적이라고
볼 수 있겠지요.

✳
《인간실격》

나는 이 남자의 사진을 석 장, 본 적이 있다.

다자이 오사무의 《인간실격》은 위 문장과 같이 신비스럽게 시작합니다.

나는 《인간실격》을 고등학교 2학년 때 처음 읽었습니다. 하지만 읽기 시작해서 얼마 지나지 않아 속이 울렁거리는 듯한 혐오감을 느껴 바로 책을 덮었습니다. 두 번째는 대학에 입학했을 무렵이었습니다. 그때는 빨려들기라도 하듯이 단숨에 책을 읽었습니다. 책을 다 읽고 나니 처음과 두 번째의 차이를 이해할 수 있었습니다.

처음 읽었을 때는 다자이 오사무가 그린 주인공 요조가 나와 너무 닮아서, 나를 보는 듯하여 혐오감이 들었던 것입니다.

적당히 뺀질거리며 지냈던 내 유소년기와 요조의 모습이 겹쳐져서 처음에 읽었을 때는 내 속에 묻어두었던 기억이 비집고 나오는 듯한 생각에 거부감이 들었던 것이지요. 하지만 대학생이 되어서는 껄끄러운 기억조차도 포용할 수 있게 된 것이었습니다.

다시 《인간실격》으로 돌아가봅시다. 첫 번째 사진은 미소를 띤 채 고개를 30도 정도 갸웃한 열 살 전후의 소년이 여자들에게 둘러싸여 정면을 보고 있는 장면입니다. 언뜻 '귀여운 부잣집 도련님'으로 보일지 모르지만, 자세히 보면 '어딘지 모르게 이상한 아이'라는 생각에 불쾌한 느낌이 듭니다. 소년이 웃고 있으면서도 두 주먹을 불끈 쥐고 있기 때문입니다. 원래 사람은 웃을 때 편안한 상태입니다. 신체가 이완되기에 주먹을 불끈 쥐면서는 웃을 수 없습니다. 그러니 이 아이는 억지 미소를 지었다고밖에 볼 수 없습니다.

그다음은 단정한 용모의 학생이 말끔하게 차려입고 등나무 의자에 앉아 웃고 있는 사진입니다. 그 절묘한 미소가 왠지 꺼림칙합니다. 그 미소는 인간의 웃음이 아니라 완전히 만들어진 웃음이기 때문입니다.

마지막 사진이 가장 기괴합니다. 화로에 손을 쬐고 있는데, 이번 사진에서는 웃지 않습니다. 웃기는커녕 나이도 가늠할 수 없는 데다가 아무 표정이 없어서 마치 죽은 사람 같습니다. 덧붙이자면 죽은 사람도 사상死相이라고 나름의 표정이 있는데, 이 남자는 그마저도 없어서 보고 있자면 섬뜩합니다.

이렇게 다자이 오사무는 석 장의 사진에 관해 설명한 후, 사진 속 남자의 수기를 써 내려갑니다.

참 부끄러운 생애를 보냈습니다.

이 첫머리는 꽤 충격적이어서 내 마음에 깊이 새겨져 있습니다.

사람들은 요조를 행복한 사람이라고 하지만 요조는 스스로 지옥에 사는 심정으로 살아가며, 자신을 행복한 사람이라고 말하는 사람이 자신보다 훨씬 평안하게 살아간다고 생각합니다. 그리고 언제 주위 사람들에게 미움받을지 모른다는 불안과 공포에 사로잡혀 있습니다.

그래서 생각해낸 것이 광대 짓입니다. 타인에게 애정을 갈구하며 억지로 광대 짓을 해서 사람의 마음을 끄는 한, 사람들은 요조를 미워하지 않습니다. 웃음을 주는 동안에는 자신은 안전하다고 생각합니다. 그래서 사진을 찍어도 현상된 사진을 보고 즐거워할 수 있도록 요조는 기묘한 표정을 하고는 사진을 찍습니다.

인간에 대한 두려움으로 항상 공포에 떨면서, 또 인간으로서 자신의 말과 행동에 티끌만큼도 자신감을 갖지 못한 채, 그렇게 혼자만의 번뇌는 가슴속 작은 상자에 감춰두고서 그 우울함과 예민함을 숨기고 또 숨겨 그저 천진난만하고 낙천적인 척하며 나는 익살스러운 괴짜로 차츰 완성되어갔습니다.   -《인간실격》

요조의 아버지가 도쿄로 올라갈 때, 아이들을 사랑방에 불러서 "선물로 뭘 사 올까?"라고 웃으며 묻습니다. 장남부터 순서대로 말하자 아버지는 목록을 수첩에 적습니다. "요조는?" 하고 물었지만 요조는 딱히 받고 싶은 물건이 없습니다. 우물쭈물하는 요조에게 "사자춤 출 때 쓰는 사자탈은 어떠냐?"라며 아버지는 재촉합니다. 그런데 아버지가 그렇게 물으니 당황해서 요조는 익살스러운 대답조차 하지 못합니다.
　장남이 "책이 좋겠죠?"라며 위기에서 구해주지만, 김이 빠진 아버지는 수첩에 적지도 않고 수첩을 덮어버립니다. 그런 아버지의 모습을 보고 요조는 '아버지를 화나게 만들었으니 아버지가 무시무시한 복수를 할 것이다'라고 생각합니다.
　어떻게든 자신의 행동을 만회하려고 궁리하던 요조는 한밤

3장 '자아 찾기'와 이별하기　73

중에 몰래 아버지가 수첩을 넣어둔 책상 서랍에서 수첩을 꺼냅니다. 그리고 선물 목록이 적힌 부분을 펼쳐 수첩에 '사자탈'이라고 적습니다.

요조는 사실 책이 더 좋았습니다. 하지만 아버지가 도쿄에서 돌아와 큰 소리로 어머니에게 하는 말을 듣고, 요조는 안심합니다.

"상점가 장난감 가게에서 수첩을 펼쳤더니, 여기 좀 봐, 사자탈이라고 적혀 있지? 내 글씨가 아니야. 어찌 된 영문이지 싶었는데, 퍼뜩 생각나는 게 있더라고. 요조가 장난친 거야. 그 녀석, 내가 물었을 때는 의뭉스럽게 입을 다물고 있더니, 나중에 생각해보니 어떻게든 사자탈이 갖고 싶어졌던 게지."　　　　－《인간실격》

이렇게 요조는 타인에게 비치는 자아상에 신경 쓰면서 살아갑니다.

우리는 자신을 직접 보지는 못합니다. 물론 손이나 발처럼 시선이 닿는 부분은 볼 수 있지요. 하지만 얼굴이나 머리는 거울로밖에 보지 못합니다.

자신의 마음이나 성격은 어떨까요?

미드의 이론에서 보더라도 행동한 후에나 자신을 알 수 있다고 하는데, 이를 확실히 증명이라도 할라치면 어쩐지 더욱 불안해집니다. 우리는 주위 사람들에게 '착한 사람'이라든지 '꼼꼼한 사람'이라는 말을 듣고는 그제야 자신을 알게 됩니다.

즉, 내 인품이나 성격은 타인을 거울로 삼아 타인의 거울에 비친 자신의 상으로 알 수 있습니다. 실존주의자였던 키르케고르Kierkegaard(1813~1855)는 《죽음에 이르는 병》에서 "자기를 재는 척도는 자기가 마주하고 있는 동질의 자기 그 자체다"라고 말합니다.

아이들은 어머니에게 "엄마, 이것 좀 봐. 이 꽃 내가 땄어"라며 자신의 존재를 강조합니다. 자기가 자기로 있으려면 타인 앞에 자기를 내보일 필요가 있습니다. 사람은 타인이 내리는 평가가 어떤지 인식하면서 살아가기 때문입니다. 이렇게 자아상을 타인과의 관계에서 비치는 '거울 자아looking-glass self' 개념으로 설명한 사회학자로 찰스 호튼 쿨리Charles Horton Cooley(1864~1929)가 있습니다.

쿨리는 사람이 타인의 반응이나 평가를 통해 자신의 이미지를 형성한다고 말합니다. 먼저 타인이 자신을 어떻게 인식하고 있는지 상상합니다. 또 타인이 어떻게 자신을 평가하고 있는지도 예상합니다. 그리고 이 두 이미지를 바탕으로 자부심이나 굴욕감 같은 감정이 생겨난다고 합니다.

《인간실격》을 거울 자아의 개념으로 분석해봅시다. 요조는 광대 짓을 함으로써 타인의 거울 자아에 '즐거워하는' 이미지로 비치면 안심합니다. 그것은 요조를 호의적으로 받아들인다는 타인의 거울 자아의 평가로 상상할 수 있기 때문입니다. 그렇게 해서 요조의 불안은 해소됩니다.

그런데 아버지가 새해 선물의 품목을 물었을 때, 아버지를 즐겁게 할 만한 대답을 할 수 없었습니다. 아버지의 거울에는 기대에 못 미친 요조의 자아상이 비쳐서 아버지를 화나게 만들었을지도 모른다고 요조는 상상합니다. 어떻게든 아버지의 거울 자아에 비친 자신의 평가를 만회하기 위해 한밤중에 숨어들어 수첩에 '사자탈'이라고 써 넣습니다. 이 방법이 성공을 거두어 아버지는 즐거워합니다. 즉, 아버지의 거울에 비친 요조는 좋은 평가를 받았다고 여겨지고 그 이미지로 인해 요조는 안심합니다.

우리는 항상 타인의 평가에 신경을 씁니다. 너무 신경을 쓴 나머지 요조와 같이 타인에게 긍정적인 평가를 받기 위해 애쓰기도 합니다. 즉, 거울 자아가 좋은 쪽으로 비춰질 수 있도록 연기합니다. 그 극단적인 예가 요조입니다.

하지만 요조의 단계까지 가면 타인의 거울을 항상, 지나치게 신경 쓰는 나머지 자신을 잃어버려서 최후에는 사상조차 없는 빈 껍질이 되어버립니다.

✳
'자아 찾기'라는 저주

평소 우리는 "나는 도대체 누구인가?"라는 질문을 자문하지 않으며 생활합니다. 그런데 모임에서나 친구, 연인과의 관계가 흔들리면 타인에 그치지 않고 자신이라는 존재로 눈을 돌리게 됩니다. 그리고 자신을 책망하고 괴로워하며 고민합니다. 또 무의식적으로 일상생활에서 자신이 이상적이라고 여기는 개성을 타자라는 거울에 비추기 위해 자신을 조작하곤 합니다. 이렇듯, 우리는 타인의 평가에 항상 신경 쓰면서 살아갑니다.

그런데 조작된 자신과 조작하고 있는 자신 사이에 괴리가 생기거나 자신이 바라는 모습으로 타인의 거울에 비춰지지 않으면 불안해서 견딜 수가 없습니다. 다자이 오사무의《인간 실격》은 이렇게 이상적이라고 여기는 개성을 조작하려 한 나머지, 조작하고 있는 자기와의 사이에 커다란 괴리가 생겨서 껍데기뿐인 인간으로 전락한 주인공의 모습을 그렸습니다.

미드가 지적했듯이, 우리는 행동의 결과로만 자신의 성격을 인식할 수 있습니다. 그리고 쿨리가 설명했듯이, 우리는 항상 타인에게 비친 자아의 상을 상상하면서 살아갑니다. 그러니 항상 자신을 비춰주고 있는 친구나 연인은 중요한 존재로, 그 사람들을 잃었을 때의 고통은 이루 말할 수 없을 만큼 큽니다.

이러한 논의에서 끌어낼 수 있는 결론은 아무리 '자아 찾기'를 한다고 해도 정작 내가 발견되지는 못하기 때문에 '자아 찾기'란 망상에 지나지 않는다는 사실입니다.

'그 사람을 위해' 충고했더라도 상대방은 당신을 '깐깐한 사람'이라고 나쁘게 평가하는 경우, 그 사람의 거울에 비친 평가가 그렇다면 어쩔 수 없는 일입니다. 허무하지만 '그렇게 비쳤다면 어쩔 수 없지'라며 포기하는 수밖에 없습니다.

미드의 이론에 의하면, "너는 참 착한 아이구나"라는 말을 어머니에게 듣더라도 미래에도 그 상에 따라 행동할지, 안 할지는 알 수 없습니다. 즉, 자신을 질책하고 괴로워하며 고민한들 답이 없는 소용돌이에 빠질 뿐입니다.

무라카미 하루키는 이런 괴로움에 대해서 다음과 같이 말합니다.

지금 세상 사람들이 이토록 괴로워하며 살아가는 이유는 자기표현을 해야 한다는 강박관념에 사로잡혀 있기 때문입니다. 그래서 다들 괴로워합니다. 이렇게 글로 표현하며 살아가는 나에게도 자기표현은 간단하지 않습니다. 그건 사막에서 소금물을 마시는 것과 같습니다. 마시면 마실수록 목이 말라옵니다. 그럼에도 불구하고 일본, 아니 세계 근대 문명은 자기표현이란 인간이 존재하는 데 필요불가결하다고 강요합니다. 교육도 그것을 전제로 하여 이루어집니다. "먼저 자신을 아십시오, 자신의 아이덴티티를 확립하세요, 다른 사람과의 차이를 인식하세요, 그리고 자신이 생각하고 있는 바를 조금이라도 정확하게, 체계적이고 객관적으로 표현하세요" 등등. 이것은 진정 저주라고 생각합니다. 자신이 이곳에 있는 존재 의미 따위는 어디에도 없기 때문입니다. 양파 껍질 벗기기와 똑같습니다. 일관된 자신이란 어디에도 없습니다.

–《나는 꿈을 꾸기 위해 매일 아침 눈을 뜹니다夢を見るために毎朝僕は目覚めるのです》

자신의 정체성을 확립해야 한다는 저주에서 해방되는 일만이 현대인의 괴로움을 푸는 열쇠라고 무라카미 하루키는 정

확하게 짚어줍니다. 우리 모두 '자아 찾기'라는 저주와 '이별'
을 고합시다.

 읽을거리

《팡세》, 블레즈 파스칼, 범우사, 2015.
《죽음에 이르는 병》, 키르케고르, 치우, 2011.
《인간성과 사회질서Human Nature and the Social Order》, 찰스 호튼 쿨리
《인간실격》, 다자이 오사무, 소와다리, 2015.
《정신·자아·사회》, 조지 허버트 미드, 한길사, 2010.
《나는 꿈을 꾸기 위해 매일 아침 눈을 뜹니다夢を見るために毎朝僕は目覚めるのです》,
무라카미 하루키

4장

나를 위해 상황에 맞게 연기하기

연기하는 사회 _____

✳
불편한 공간

내가 불편해하는 공간 중 하나가 엘리베이터입니다. 가려던 층에 도착할 때, 순간적으로 몸이 붕 떠오른 뒤 다시 살며시 가라앉으면서 정지하는 그 불쾌한 느낌이 싫습니다. 하지만 불편해하는 요인이 엘리베이터라는 장치에서 느끼는 불쾌감만은 아닙니다.

그보다는 낯선 사람과 함께 탈 때 발생하는 어색함이 불편합니다. 나는 엘리베이터라는 좁은 공간에 갇히면, 함께 탄 사람 앞에서 어떤 태도를 취해야 좋을지 몰라 당황합니다. 그래서 낯선 사람과 함께 엘리베이터를 타게 되면 나도 모르게 하는 행동이 몇 가지 있습니다. 그중 하나가 문 위쪽에 설치된 층이 표시되는 계기판에 시선을 두는 것입니다. 계기판을 보면서 '지금은 2층, 아니다, 3층이네……'라며 마음속으로 중얼거립니다. 다음에는 문을 여닫는 조작 버튼 위에 붙어 있는 라벨로 눈을 돌립니다. 엘리베이터의 제조회사가 표기된 라벨을 보고는 '○○회사 제품이네'라고 확인합니다. 그리고 제조회사 라벨 부근에 붙어 있는 엘리베이터 점검 스티커를 눈으로 쫓아가며 '××년 △월 △일에 점검했구나' 등의 사항을 확인합니다.

내가 이런 행동을 한다고 해서 엘리베이터가 몇 층을 통과하고 있는지 확인하고 싶은 것도 아닐뿐더러, 엘리베이터 제조회사가 궁금한 것도 아닙니다. 또 안심하고 타기 위해 안전성을 점검하려는 것도 아닙니다. 좁은 엘리베이터에서 낯선 사람과 함께 머물러 있는 어색한 시간을 이런 의미 없는 행동으로 때우려는 것뿐입니다.

그렇다면 나에게 이러한 행동을 하도록 부추기는 요인은 엘리베이터라는 좁은 시설물 자체일까요? 아니면 낯선 사람과 밀폐된 공간에서 함께 머물러야 하는 상황일까요?

좀 더 깊게 생각해보면 엘리베이터에서 느끼는 불편함의 원인은 낯선 사람과 눈을 마주쳐서는 안 된다는 의식 때문에 어색한 행동을 하게 된다는 데 있다는 생각이 듭니다.

※

개인을 숭배하다

곰곰이 생각해보면 낯선 사람과 마주치는 장소는 엘리베이터만이 아닙니다. 전철에서도 마찬가지로 서로 눈을 피합니다.

어빙 고프만Erving Goffman(1922~1982)은 이렇게 사람이 모이는 장소에서의 인간 행동을 연구한 사회학자입니다. 고프만은 현대 대도시에서는 낯선 사람과 함께 머물러야 하는 경우가 많고, 그러한 상황에 부딪치면 사람들은 무관심을 가장하여 행동을 취한다고 합니다. 그리고 그런 행동을 '시민적 무관심civil inattention'이라는 용어를 사용하여 다음과 같이 설명합니다.

상대를 흘낏 보긴 하지만 그때의 표정은 상대의 존재를 인식했다는 사실을(그리고 인식했다는 사실을 확실하게 인정했음을) 드러내는 정도에 그치는 것이 보통이다. 그리고 바로 시선을 돌리고, 상대에 대한 특별한 호기심이나 의도가 없음을 표시한다.

이렇게 예의 바른 행동을 할 때는 보는 사람의 눈과 상대의 눈이 마주치는 것은 허락되지만, '가벼운 인사'로까지 발전하는 것은 대개 허락되지 않는다. 길에서 스쳐 지나가는 두 사람이 이러한 시민적 무관심을 가장할 때는 약 8피트(약 2미터 40센티미터 - 옮긴이) 정도의 거리가 될 때까지는 서로 상대를 잘 관찰하고 그동안에 길을 어느 쪽으로 통과할지 결정하여 몸짓 언어로 표시한다. 그리고 상대가 스쳐 지나칠 때는 자동차가 라이트를 아래로 향하듯이 서로 시선을 아래로 향한다. 이것은 개인 간의 의식을 최소한으로 하려는 행위이지만, 우리가 사는 사회에서 이러한 행위는 개인 간의 사회적 교류의 태도를 규정하는 규칙에 바탕을 두고 있다.   －《공공장소에서의 행동Behavior in Public Places》

우리는 시민적 무관심을 가장함으로써 우연히 같은 자리에 있게 된 사람에게 적의를 품지 않았음을 드러내고 넌지시 경의를 표합니다.

그렇지만 이러한 처신은 지극히 미묘한 행위여서, 가능하면 간단한 방법을 이용하여 이런 규칙에서 벗어나려는 사람도 있습니다. 그 예로 고프만은 몇 가지 행동을 제시합니다. 그중 하나가 선글라스를 쓰는 행위입니다. 선글라스는 자신이 주위의 누구에게 시선을 두고 있는지 감추려는 의도로 쓴다고 합니다. 또 전철 안에서 신문을 펼쳐서 읽는다든지, 눈을 감고 잠자는 시늉을 하는 것도 마찬가지로 시민적 무관심을 나타내는 행위라고 합니다.

그러면 왜 일상에서 우리는 이렇게까지 낯선 사람에게 신경을 쓰는 걸까요? 고프만은 다음과 같이 설명합니다.

자아는 타인에게 으레 조심스럽게 배려받아야 하며, 타인에게 그렇게 비치도록 연출해야 하는 성스러운 대상, 즉 의례적 존재임을 이해해야 한다. 성스러운 존재로서의 자아를 확립하는 하나의 수단으로 개인은 타인을 만날 때 적절히 처신하고, 타인에게서는 존대받는다. ─《상호작용 의례》

이렇게 고프만은 현대의 세속적인 사회에서는 각자 개인의 성스러운 자아를 존대하는 형식으로 연결되어 있다고 말합니다.

다시 말하면, 근대까지 사람들은 동일한 신을 숭배하는 방식으로 사회를 형성했지만, 신들이 사라진 현대에는 신이 아닌 사회를 형성하고 있는 모든 개인을 존대하는 형태로 사회가 이루어지는 것입니다.

어머니의 죽음을 대하는 태도

  우리는 타인에게 무관심을 가장해야 할 때도 있지만, 또 반대로 감정을 드러내 표현하지 않으면 신용을 잃거나 혐오감을 살 때도 있습니다. 감정의 끈을 풀어야 하는 경우의 예로 친족이나 지인의 죽음을 맞이했을 때를 들 수 있습니다.

  내 어머니는 일흔여섯 살 되던 해에 돌아가셨습니다. 지금의 평균수명으로 본다면 조금은 이르다 싶게 찾아온 죽음이었습니다. 나는 외동이어서 형제의 도움 없이 상주를 맡았습니다. 평소의 나라면 가까운 친지의 얼굴을 보고는 억누르고 있던 슬픔이 밀려들어 눈물을 보였을지도 모릅니다. 아니, 그 정도가 아니라 어머니의 사랑을 한 몸에 받은 외아들이 어머니의 죽음을 맞이했으니, 탄식을 넘어서 슬픔에 빠져 제정신이 아닐 것이라고 친지들은 생각했는지도 모릅니다.

그런데 나는 그러한 예상을 뒤엎고, 슬퍼하지도 탄식하지도 않으며 오히려 미소까지 띠면서 씩씩하게 처신했습니다. 그도 그럴 것이 나는 상주였고, 나를 도와줄 형제는 아무도 없었습니다. 그래서 나는 장례식 절차부터 고별식까지 모든 과정을 동네 사람들이나 장례업체와 의논하고 결정해야 했습니다.

그런 일에 쫓겨 슬픔에 잠겨 있을 여유가 없었습니다. 게다가 친척뿐 아니라 소식을 듣고 달려와준 지인에게도 예의를 갖추고 감사의 마음을 전할 수 있도록 신경 써야 한다고 생각했습니다. 예상을 뒤엎은 내 태도에 친지들은 의아해했습니다. 하지만 내 행동이 친지들의 의구심을 불러일으킨 것은 이 시점에서는 아직 시작에 지나지 않았습니다.

출관 후, 화장터로 향했습니다. 고인을 떠나보내는 마지막 인사를 마치니, 화장터 직원이 모여 있던 사람들에게 이렇게 지시했습니다.

"상주분만 남아주세요. 가족이나 친지분은 계단을 올라가 2층으로 가주시기 바랍니다."

흐트러진 모습을 보이지 않고 침착하게 행동하던 나였지만, 그런 일련의 행동은 장례식을 잘 치러야 한다는 점에만 마음을 쏟았기 때문이라는 생각이 듭니다. 그래서 직원이 왜 나만 남으라고 지시했는지 그 말의 의미를 생각할 여유조차 없이 그저 관 앞에 우두커니 서 있었습니다.

잠시 후 직원은 관이 놓인 앞쪽에 나 있는 문을 열었습니다. 그리고 단 위에 놓인 어머니의 관을 안으로 밀어 넣고 문을 닫았습니다. 그런 후 직원이 나에게 말했습니다.

"위에 있는 버튼을 누르세요."

나는 그 버튼이 어머니의 유해를 태우는 가마의 스위치라고는 생각하지도 못하고, 직원의 지시에 따라 반사적으로 힘을 실어 버튼을 눌렀습니다. 불이 점화되는 소리는 내 행위의 무게를 알려주는 신호였습니다. 하지만 나는 그 신호의 진중함을 마음으로 받아들일 새도 없이 등에 꽂히는 시선을 느꼈습니다. 몸을 돌려 2층을 올려다보니, 조금 전에 계단을 올라갔던 친지들이 유리창 너머로 나를 응시하고 있었습니다. 그때의 친지들의 시선에는 얼음장 같은 서늘함이 감돌았습니다.

그로부터 3개월이 지난 후였습니다. 먼 친척의 장례식이 있었습니다. 먼 친척이지만, 장례식에 찾아온 친지 중에서는 어머니 장례식에도 참석한 사람이 많았습니다. 상주는 나보다 세 살 아래인 그 집 장남이었습니다. 아버지를 여읜 장남은 흐트러짐 없는 침착한 태도로 참례하는 사람들과 인사를 나눴습니다.

그리고 출관하여 화장터로 향했습니다. 그곳은 3개월 전에 내가 버튼을 눌렀던 그 화장터였습니다. 어머니의 장례식 때와는 달리, 이번에는 계단을 올라가 버튼을 누르는 상주의 모습을 창 너머로 바라보는 역할이었습니다. 나와 마찬가지로 상주인 장남이 직원에게 버튼을 누르라는 지시를 받았습니다.

그런데 그때까지 씩씩하게 행동하던 상주가 팽팽하게 유지하던 긴장의 끈이 풀려서인지 몸을 조금씩 떨기 시작했습니다. 그리고 버튼을 누르려고 올린 오른손 손가락이 버튼에 닿은 순간 "아아!" 하고 울부짖으면서 그 자리에 주저앉았습니다.

창 너머로 보고 있던 친지들은 그런 상주의 모습을 보고 울었습니다. 유해를 태우고 난 후 유골의 뒤처리를 마치고 돌아오는 버스 안에서 친지들이 수군대는 소리가 마음을 찔렀습니다.

"오늘 장례식은 참 좋았네."

장례식에 '좋음/나쁨'이 있을까요? 그 말이 3개월 간격으로 있었던 두 장례식을 비교한다는 사실을 나는 알 수 있었습니다. 하지만 가족의 죽음을 맞이한 사람의 심정을 겉으로 드러난 행동으로만 헤아릴 수는 없습니다. 참례자는 마지막으로 유해를 보내는 상주를 비롯한 가족의 행동을 보고 평가할 뿐입니다.

✷

《이방인》

　우리는 장례식장에서 사람들이 취하는 행위를 자연스러운 감정의 흐름에 따른 처신이라고 생각합니다. 그렇기 때문에 예상과 다르게 처신한다고 해서 사회적 제제가 따르리라고는 생각하지 않습니다.

　혹시 알베르 카뮈의 《이방인》을 읽어보셨나요? 장례식에서의 내 경험은 카뮈의 《이방인》을 상기시킵니다. 내가 《이방인》을 처음 읽은 것은 고등학교 3학년 때였는데, 너무나 충격적이어서 다 읽고 나서도 한동안 책에서 손을 떼지 못하고 멍하니 있었습니다.

　《이방인》은 첫머리 문장부터 의표를 찌릅니다.

　오늘, 엄마가 죽었다. 아니, 어쩌면 어제일지도. 나는 모르겠다.

어머니가 죽었는데 그날이 오늘인지 어제인지 모를 수 있을까요? 보통 자신에게 소중한 사람이 죽은 날을 시간적 현실감 없이 인식할 수는 없다고 생각합니다.

이렇게 서두부터 우리가 '당연하다'고 생각하는 의식을 카뮈는 철저하게 부숩니다. 좀 길어질지 모르지만, '상황에 적합한 행위'에 대해 생각해보기 위해 소설의 흐름을 훑어봅시다.

주인공 뫼르소는 양로원에 있는 어머니가 돌아가셨다는 전보를 받고 사장에게 휴가를 신청합니다. 사장의 불만스러운 표정을 읽은 뫼르소는 자신도 모르게 변명합니다.

"제 잘못이 아닙니다."

어머니의 장례를 치르기 위해 양로원으로 달려간 뫼르소는 빈소에서 마지막으로 어머니의 얼굴을 그에게 보여주기 위해 관 뚜껑을 열려 하는 수위를 말립니다. 어머니의 얼굴을 보려고 하지 않는 뫼르소를 이상하게 여긴 수위가 "안 보셔도 됩니까?"라고 물으니 뫼르소는 "예"라고 대답해버립니다. 그렇게 대답한 뒤에 겸연쩍긴 했지만, 관 앞에서 태연하게 밀크 커피를 마시고 담배를 피웁니다.

양로원에서 친하게 지냈다는 어머니의 남자 친구 페레는 다리가 불편한데도 아픈 다리를 질질 끌면서 장지로 향합니다. 더위로 땀을 흘리면서도 소중한 사람을 잃은 슬픔에 눈물을 뚝뚝 흘립니다. 그와는 대조적으로 아들 뫼르소는 담담한 표정으로 시신을 매장하는 모습을 지켜봅니다. 게다가 장의사가 어머니의 나이를 물어도 정확하게 알지 못합니다.

다음 날 뫼르소는 바닷가로 나갑니다. 거기서 예전에 직장 동료였던 마리를 만납니다. 뫼르소는 한때 마리를 마음에 둔 적이 있어서 마리의 배를 베고 잠을 자기도 합니다. 그 후에 뫼르소는 마리와 함께 영화를 보러 가는데, 마리는 코미디 영화를 고릅니다. 뫼르소가 어머니를 생각하지 않는 것은 아닙니다. 단지 현실에서 어머니의 모습이 사라졌을 뿐입니다. 그리고 그날 밤 마리와 하룻밤을 보냅니다.

뫼르소와 같은 층에는 레몽이라는 남자가 살고 있는데, 이 남자는 여자를 제물로 삼아 살아가는 사람입니다. 레몽이 아랍인 정부에게 보낼 편지를 대신 써달라고 부탁하자, 뫼르소는 승낙합니다. 레몽은 제 생각대로 되지 않는 정부에게 폭력을 행사하여 정부의 오빠와 옥신각신하는 상태입니다.

어느 날, 뫼르소와 레몽이 산책하는 중에 정부의 오빠가 나타나서 칼을 휘두르는 바람에 레몽은 손과 입에 상처를 입습니다. 뫼르소는 다음에 레몽이 이 아랍인과 만난다면 흥분해서 가지고 있던 권총을 쏠 수도 있다고 생각하고는, 레몽의 권총을 빼앗아 자신이 가지고 있기로 합니다.

더운 날이었습니다. 뫼르소가 혼자 해변으로 나가자 그 남
자가 있었고, 남자는 주머니에 손을 넣습니다. 그에 호응하듯
이 뫼르소도 윗옷에 넣어둔 레몽의 권총을 움켜쥡니다.

햇볕이 내 뺨을 불태우는 듯했다. 눈썹에 땀방울이 맺히는 것이
느껴졌다. 그 햇볕은 엄마를 묻던 날과 똑같았다. 그때처럼 나는
유달리 이마가 지끈거렸고 피부 밑 모든 혈관이 울려댔다. 지지
는 듯한 뜨거움을 참을 수 없어 한 걸음 내디뎠다. 나는 그것이
얼마나 어리석은 짓인지 알고 있었고 한 걸음 몸을 옮겨봤자 태
양에서 벗어날 수 없다는 것도 알고 있었다. 그래도 한 걸음, 단
지 한 걸음, 나는 앞으로 나아갔다. 그러자 이번엔 아랍인이 몸을
일으키지 않고 칼을 뽑아서 내리쬐는 태양 속에서 내게 겨누었
다. 빛이 칼에 반사되어 번쩍이는 긴 칼처럼 내 이마로 내리쪼였
다. 그 순간 눈썹에 맺혔던 땀이 한꺼번에 눈꺼풀 위로 흘러내려
미지근하고 두꺼운 막이 되어 눈두덩을 덮었다. 눈물과 소금의
장막에 가려 내 눈은 보이지 않게 되었다. 내가 느낄 수 있는 것
이라곤 이마에서 울려대는 태양의 심벌즈 소리, 정면의 단검에
서 여전히 희미하게 번쩍이는 칼날의 빛뿐이었다. 지져 태우는
듯한 칼날은 속눈썹을 파고들어 아픈 두 눈을 후벼 팠다. 그때 모
든 것이 휘청거렸다. 바다로부터 무겁고 뜨거운 입김이 실려 왔

다. 하늘이 이 끝에서 저 끝까지 활짝 열리며 비 오듯 불을 뿜어 대는 것 같았다. 나의 온몸은 경직되었고, 손에서는 방아쇠가 당겨졌다. 방아쇠는 부드러웠다.   —《이방인》

방아쇠를 당긴 뫼르소는 땀과 태양을 떨쳐버렸다고 깨닫는 동시에 행복감을 느끼고는 그 후로 미동도 않는 몸뚱이에 네 발을 연달아 더 쏩니다.

재판이 시작되자, 사건 이상으로 사람들의 관심은 뫼르소의 사생활, 즉 어머니의 장례식에서 감정을 드러내지 않았던 일로 쏠립니다. 정상 참작으로 형이 가벼워지리라 예상하던 변호사도 그 문제에 대해 "납득할 만한 답변이 없으면 고소당하는 유력한 이유가 된다"고 뫼르소에게 충고합니다. 하지만 뫼르소는 "확실하게 설명하기는 어렵습니다"라고 대답하고는 "나는 엄마를 많이 사랑했지만, 그건 아무 의미도 없습니다. 모든 건강한 사람들은 어느 정도는 사랑하는 사람의 죽음을 기대합니다"라고 대답합니다.

'태양 탓'으로 방아쇠를 당겼다고 변명할 뿐인 뫼르소의 무심한 말과 행동이 재판의 향방을 결정짓습니다. 게다가 증언대에 선 제삼자의 진술은 뫼르소를 한층 냉담하고 인간미 없는 인물로 낙인찍습니다. 수위가 어머니의 죽음에 눈물도 보이지 않고 어머니의 유해를 보려고도 하지 않은 채 태연하게 시체 앞에서 밀크 커피를 마시고 담배를 피운 뫼르소의 행동을 언급하면서 배심원에게 뫼르소가 냉혹한 인간으로 비친 것입니다.

마리도 연인을 구하려는 일념으로 뫼르소가 인정 없고 흉악한 성격은 아니라는 사실을 증언하려 하지만, 그녀의 의도와는 반대로 뫼르소를 무자비하고 냉혹한 인간으로 폄하해버립니다.

> "배심원 여러분, 어머니가 죽은 다음 날, 이 사람은 바다에서 수영을 하고, 여자와 밤을 보냈으며, 코미디 영화를 보러 가서 시시덕거렸습니다. 더 이상 여러분에게 할 말이 없습니다."
> 여전히 침묵이 흐르는 가운데 검사가 자리에 앉았다.
>
> —《이방인》

친구 레몽도 뫼르소를 변호하기 위해 증언대에 섰지만, 여자를 밑천 삼아 기둥서방 노릇을 하며 생활하는 인물이 친구였다는 사실이 부각되어 오히려 뫼르소의 상황은 악화될 뿐입니다.

결국 뫼르소가 일으킨 사건의 재판은 살인 사건이 아니라 뫼르소의 평소의 말과 행동, 특히 어머니의 장례식 때 취한 행동에 초점이 맞춰집니다. 그리고 처음에 예상했듯 가벼운 형이 아니라 극형인 사형을 선고받습니다.

상황에 맞는 연기

　카뮈는 어머니의 죽음과 살인 사건으로 받은 사형 판결을 연관시키면서 부조리라는 문제를 제기합니다. 《이방인》을 읽었을 때는 상상도 하지 못했지만, 실제로 어머니의 장례식에서 취한 내 태도는 카뮈가 묘사한 《이방인》의 뫼르소와 마찬가지였는지도 모릅니다.

　1955년 1월, 영어판 《이방인》에는 다음과 같은 카뮈의 서문이 실려 있습니다.

　어머니의 장례식에서 눈물을 흘리지 않는 사람은 모두 사회에서 사형을 선고받을 우려가 있다는 말은, 그가 사는 사회에서는 연기하지 않으면 이방인으로 취급받을 뿐이라는 뜻이다. 뫼르소는 왜 연기를 하지 않았을까? 그것은 그가 거짓말하기를 거부했기 때문이다.

거짓말을 한다는 것은 없는 말을 하는 것만이 아니라, 있는 것보다 많은 것을 말하거나 느낀다는 의미다. 하지만 우리는 생활에 혼란을 야기하지 않기 위해 매일 거짓말을 한다. 뫼르소는 겉으로 보이는 모습과는 다르게 생활을 단순화하려고 하지 않았다. 뫼르소는 인간쓰레기가 아니다. ―《이방인》

카뮈는 상황에 맞게 연기하지 않으면 어쩌면 사형 선고를 받을 수도 있다는 메시지로 사회의 무서운 일면을 논했습니다.

그 말은 고프만이 지적했듯이, 신들이 사라진 현대에 사회를 구성하는 인간은 성스러운 존재에 대해 경의를 표하는 의식을 치러야 하는데 그 규칙을 지키지 못하면 사회의 뭇매를 맞을 수도 있다는 뜻입니다.

엘리베이터에서 낯선 사람과 눈을 맞추지 않는 것이나 택시 운전사가 승객들의 이야기에 눈치 없이 끼어들어서는 안 된다는 등의 처신은 성스러운 인간에 대해 한발 물러서서 거리를 둠으로써 경의를 표하는 행위입니다. 또 장례식이라는 장소에서는 성스러운 인간에 대한 예의로 적극적인 경의를 표해야 합니다.

다시 말하면, 우리는 사회가 마련한 암묵적인 시나리오에
맞추어 연기하면서 살아가고 있는 것은 아닐까요.

 읽을거리

《이방인》, 알베르 카뮈, 책세상, 2015.
《공공장소에서의 행동Behavior in Public Places》, 어빙 고프만
《상호작용 의례》, 어빙 고프만, 아카넷, 2013.

5장
나를 위한 거리 두기

프록세믹스(인간의 영토권)_____

앞 장에서는 상황에 어울리는 사람의 행동에 대해 살펴봤습니다.
이번 장에서는 사람들이 모여 있을 때 우리가 타인과 유지하는 거리나 공
간에 초점을 맞춰서 생각해봅시다.

✳
전철 안에서 일어나는 일

　출퇴근과 통학이 겹치는 시간대에는 전철이나 버스 등 교통수단이 대단히 혼잡합니다. 차 안이 사람으로 넘쳐나 몸을 움직일 틈도 없는 상황에서 다시 떠올리기도 싫은 경험을 한 사람도 있을 것입니다. 이러한 혼잡을 틈타 벌이는 악질적인 범죄 행위 중 하나로 '성추행'을 들 수 있습니다.

　2010년 8월, 경찰청의 위탁을 받은 민간 조사 기관이 도쿄, 사이타마, 지바, 가나가와, 아이치, 오사카, 효고의 일곱 개 도시 생활권 주민을 대상으로 대중교통 성추행 피해에 대해 인터넷으로 조사한 결과, 전철로 출퇴근·통학하는 여성 중 13.7퍼센트가 과거 1년 동안 성추행을 당한 경험이 있다고 대답했습니다(〈니혼게이자이신문〉, 2010년 10월 14일 자 석간).

　2013년 5월 9일 자 〈아사히신문〉에는 JR 와카야마선 일반 전철 내에서 일어난 성추행 사건이 실려 있습니다. 이 기사를 보면 범죄 행위 자체로도 놀라운데 범죄에 이르기까지의 경위가 한층 놀랍습니다. 지하철에서 성추행 혐의로 체포된 남성(26세)의 진술은 "성추행자를 모집하는 인터넷 사이트를 보고 범죄를 저질렀다"는 것이었습니다.

해당 인터넷 사이트 게시판에는 '성추행해주실 분 안 계십니까? 복장은 당일 아침 7시쯤 게시판에 올리겠습니다. 제일 뒤 차량에 탑니다' 등 피해 여성의 행동 사항이 상세하게 적혀 있었다. 해당 인터넷 사이트에 대해서 전혀 아는 바가 없다는 피해 여성의 진술을 바탕으로, 누군가가 피해 여성을 가장하여 글을 게재한 것으로 보고 게시판에 글을 올린 사람을 찾고 있다. 피해 여성은 차 안에서 다른 남성에게도 성추행을 당했는데, 그 남성은 도주했다고 한다.

JR 와카야마선 일반 열차 내에서 발생한 사건의 용의자는 인터넷 사이트 게시판을 보고 여성(23세)의 하반신이나 배를 만지는 등 성추행을 저질렀다고 합니다. 하지만 피해 여성이 해당 인터넷 사이트를 전혀 모른다고 진술했기 때문에 누군가가 피해 여성인 척 행세해서 피해 여성이 성추행당하기를 원하여 게시판에 글을 올린 듯 꾸민 것으로 경찰은 추정하고 있습니다. 특정 여성을 타깃으로 성추행을 가하려는, 그야말로 악질적인 범죄 행위입니다.

아무런 의심 없이 이런 요청에 응한 경박한 남성이 있다는 사실도 놀랍지만, 인터넷을 이용한 범죄라는 점에서 현대 사회를 상징하는 사건이라고도 볼 수 있습니다.

그렇다면 앞에 소개한 〈니혼게이자이신문〉의 기사로 돌아가봅시다. 답을 한 여성 2,221명과 남성 1,035명 중에 성추행 피해를 당했다고 대답한 304명이 취한 행동(복수 대답 가능)으로는 '참았다'(52.6%), '그 자리에서 도망쳤다'(45.1%)가 주를 이루었습니다. 그 이유로 절반에 가까운 사람이 '무서워서 아무것도 할 수 없었기 때문'이라고 대답했습니다. 또 '주위에 도움을 청했다'거나 '범인을 잡았다', '역무원이나 경찰에 통보했다'는 등의 적극적인 행동을 취한 사람은 불과 2~6퍼센트였습니다.

그렇다면 과거 1년간 전철로 출퇴근·통학하던 중 전철 내에서 피해를 당한 13.7퍼센트의 여성 중에 경찰에 통보하거나 상담한 사람은 불과 10.9퍼센트에 지나지 않았다는 계산이 나옵니다. 그런 의미에서 본다면 JR 와카야마의 사례는 밀폐된 세계에서 만연하고 있는 악질적인 성추행 행위가 표면화된 몇 안 되는 사례 중 하나입니다.

성추행에 관한 다음 기사에 관해서도 생각해봅시다. 마찬가지로 〈아사히신문〉(2003년 4월 26일 자 석간)에는 귀가 중이던 아카시서뿔 여형사(28세)가 자신의 엉덩이를 만져 성추행한 남성을 현행범으로 체포했다는 기사가 실렸습니다.

> 귀가 중이던 아카시서 형사 1과 소속 여형사(28)가 자신의 엉덩이를 만진 남성을 체포했다. A 용의자는 '손이 닿았을 뿐 만질 의도는 없었다'고 혐의를 부인하고 있다고 한다.
>
> 경찰 조사에 의하면, A 용의자는 25일 오후 10시 35분경 고베-아카시행 열차 안에서 여형사에게 몸을 밀착시키고 왼손으로 약 6분에 걸쳐 여형사의 엉덩이를 만진 혐의를 받고 있다. 여형사는 유도 초단자다.

〈니혼게이자이신문〉의 조사 결과를 바탕으로 생각해보면, 고베-아카시행 열차 성추행 용의자의 현행범 체포는 피해자의 적극적인 행동으로 현실화되었다는 사실을 알 수 있습니다. 그리고 우연히 피해 여성이 형사였다는 점과 유도 초단자였다는 점이 현행범으로 체포하는 데 큰 요인으로 작용했는지도 모릅니다. 그렇지만 용의자는 경찰 조사에서 혐의를 부인하고 있다고 합니다. 그렇다면 그가 가해자라고 100퍼센트 단정 지을 수 없고, 만에 하나 누명을 썼을 가능성도 배제할 수 없습니다. 이렇듯 밀폐된 공간에서의 범죄 행위는 범인을 식별하기 어렵다는 점이 큰 문제입니다.

2006년 3월 9일 자 〈아사히신문〉에 게재된 '성추행 남성, 무죄 판결'이라는 기사는 이러한 문제점을 시사합니다. 세부신주쿠선 만원 전철 안에서 여성을 성추행한 혐의로 모 남성에게 징역 1년 6개월, 집행유예 3년을 선고한 도쿄지법의 1심 판결을 뒤엎고 고등법원이 무죄 판결을 내린 것입니다. 용의자는 2003년 10월 22일 아침, 세부신주쿠선 아라이야쿠시마에-다카타노바바행 전철 안에서 여고생(당시 16세)의 속옷에 손을 집어넣었다는 혐의로 기소되었습니다. 하지만 용의자는 일관되게 무죄를 주장했다고 합니다.

"내 왼쪽 뒤에 서 있던 외국인 남성이 범인일 가능성이 있다. 내가 아니다."

결국, 무죄 판결은 받았지만 그동안 본인뿐 아니라 가족까지 사회로부터 온갖 비난을 받으며 굴욕적인 나날을 보냈다고 합니다.

이 사례는 불특정 다수가 모이는 장소에서 발생하는 성추행 범죄로 많은 여성이 피해자가 되는 비참한 상황에 처하기도 하지만, 한편으로는 가해자로 오인당하는 사람이 생겨서 또 다른 피해자를 낳을 우려도 있다는 사실을 보여줍니다.

스오 마사유키周防政行 감독의 〈그래도 나는 하지 않았다〉 (2007년 개봉)는 그런 불합리한 상황을 그린 영화입니다. 이 영화는 전철에서 치한으로 오인당한 청년이 재판에서 자신의 무죄를 호소하는 모습과 함께, 누명을 썼다는 사실을 입증하기가 어려운 일본 재판 제도의 문제점을 제기하는 작품입니다.

지금과 같이 일상생활에서 대중교통을 이용하는 한 언제 자신이 피해자가 될지 모르고, 또 가해자로 의심받을 가능성도 있습니다. 그러니 혼잡한 전철을 탈 때는 위험이 도사린 공간에 있다는 사실을 인식하고 항상 주의를 기울여야 합니다.

사람 사이에 거리를 두는 방법

　대중교통수단에서의 악질적인 성추행을 예로 든 이유는 우리가 암묵적으로 유지하고 있는 사람 사이의 공간·거리에 관해 생각해보기 위해서입니다.

　이쯤에서 동물들이 거리를 두는 방법, 즉 동물의 거리 조정 spacin 방식을 바탕으로 사람 사이의 거리나 공간 유지 방법을 연구한 문화인류학자 에드워드 홀Edward T. Hall(1914~2009)의 이론을 살펴봅시다.

동물 사이의 거리

　지난해 여름, 나는 아내와 함께 신슈信州 다테시나蓼科 고원에 갔습니다. 우리는 묵었던 호텔 직원의 추천으로 두 시간 정도 코스의 가벼운 등산을 하기로 했습니다.

야쓰가타케八つが岳의 아름다운 능선과 산 중턱에 넓게 펼쳐진 지노茅野 시의 절경을 만끽한 후, 호텔로 돌아가는 안내 표지에 따라 좁고 가파른 길을 내려가 폭이 넓은 도로로 접어들었을 때였습니다.

전방 약 50미터 떨어진 곳에 몸길이가 1미터 정도 되는 시커먼 동물이 우리 쪽을 바라보며 서 있었습니다. 우리 말고는 아무도 없는 산속에서 정체 모를 동물과 마주쳐 놀란 마음을 진정시키고 잘 살펴보니, 그 동물은 일본산양이었습니다. 야생 일본산양을 가까이에서 보게 되어 내심 기뻐하면서, 사람이 다가가면 '금방 달아나겠지' 하고 대수롭지 않게 생각했습니다.

그런데 거리가 서서히 좁혀져 10미터 정도만 남았는데도 일본산양은 그대로 버티고 서서 우리를 응시했습니다. 이쯤 되니 야생 일본산양과 마주한 감동은 '덤벼들지는 않을까' 하는 공포심으로 바뀌었습니다. 그렇다고 다시 돌아갈 수는 없으니, 얼른 휴대 전화를 꺼내서 묵고 있는 호텔에 전화를 걸었습니다. 신변 안전에 대한 대응을 묻는 긴급 전화에 호텔 직원은 아무렇지도 않게 담담한 어조로 이렇게 대답했습니다.

"일본산양을 직접 보시다니 운이 좋으시네요. 일본산양은 애교가 많은 동물이라 사람을 무서워하지 않습니다. 조금 더

다가가면 도망칠 테니 걱정하지 마세요."

호텔 직원의 말을 믿고 우리는 일본산양을 향해 천천히 다가갔습니다. 그렇게 해서 산양과의 거리를 6~7미터 정도로 좁혔을 때였습니다. 그때까지 우리를 응시하면서 꼼짝도 하지 않던 일본산양이 갑자기 몸을 돌려 산으로 달려갔습니다.

홀은 《숨겨진 차원》에서 인간의 공간·거리에 관한 논의를 바탕으로 스위스의 동물학자 하이니 헤디거Heini Hediger(1908~1992)가 다른 종의 동물이 만났을 때 두는 거리에 대해 한 연구를 설명했습니다.

동물에게는 적이 다가와도 일정 거리가 될 때까지 도망가지 않는 '도주 거리'라는 공간·거리가 있다고 합니다. 우리와 일본산양 사이에는 '도주 거리'가 가로놓여 있었던 것입니다. 예기치 않게 우리와 마주친 일본산양은 우리가 '도주 거리'를 침범할 때까지는 도망가지 않고 지켜보고 있었습니다. 그런데 '도주 거리'가 침범당할 듯한 영역까지 우리가 접근했기에 달아난 것입니다.

물론 '도주 거리'는 동물에 따라 다릅니다. 일본산양은 인간이 꽤 가까이 다가가도 달아나지 않는다는 점에서 다른 동물에 비해 그 거리가 짧을지도 모릅니다. 사람들은 이를 나름대로 해석하여 '사람을 잘 따른다'고 표현하기도 합니다.

헤디거는 '도주 거리'를 무모하게 침범당하면 공격을 행동으로 옮기는 경우를 사자의 예로 설명합니다. 이를 '치명적 거리'라고 하는데, '도주 거리'를 무모하게 침범당하면 공격하는 갈림길이 되는 빙 둘러진 좁은 공간을 가리킵니다.

그리고 홀은 이종異種 사이의 거리가 아닌 동종의 동료가 두는 거리에 대해, 제임스 섬에서 발생한 사슴의 대량 사망을 연구한 존 크리스천John Christian의 연구를 바탕으로 설명합니다. 제임스 섬은 미국 메릴랜드 주 케임브리지에서 서쪽으로 약 14마일 떨어진, 체세피크 만 1마일 안쪽 해상에 위치한 곳으로, 면적이 1.5제곱마일(280에이커) 정도 되는 무인도입니다. 이 섬에 1916년 너덧 마리의 사슴을 방류했는데, 자연 번식으로 무려 280~300마리까지 증식했습니다. 토지 1에이커(약 4,047제곱마일)당 사슴 한 마리의 비율입니다. 생물학자는 증식한 사슴 수에 놀랐습니다. 300마리의 사슴이 살기에는 제임스 섬은 너무 좁았기 때문입니다.

크리스천은 비정상적인 사슴 수에 의문을 품고 1955년 연구에 착수합니다. 사슴 다섯 마리를 잡아 신체기관과 조직을 상세히 조사하고 체중이나 위의 내용물 등도 기록합니다. 그 후 1956~1957년에는 아무 변화도 일어나지 않았는데, 1958년에 들어서 갑자기 3개월 동안에 사슴이 절반가량 사망했습

니다. 다음 해에도 계속해서 사슴이 죽어서 사슴의 수는 약 80
마리 선에서 유지되었습니다.

왜 2년 동안에 190마리가 넘는 사슴이 죽었을까요? 죽은
사슴은 근육도 발달했고 지방도 축적되어 있었기에 기근이
원인은 아니었습니다. 1955년에 조사한 사슴과 비교해도 외
견상으로는 차이가 없었습니다. 한 가지 다른 점은 대량 사망
이전의 사슴보다 대량 사망 후에도 살아남은 사슴의 체중이
약 1.3배 무거웠습니다.

그리고 살아남은 사슴은 장기 중 하나인 부신의 중량이 매
우 줄었다는 사실을 알았습니다. 부신은 성장, 생식, 신체의
방어력을 조절하는 데 중요한 역할을 하는 기관입니다. 부
신의 크기나 무게는 일정하지 않으며, 스트레스에 대응하여
변화합니다. 즉, 동물이 지나치게 스트레스에 노출되면 부
신은 긴장 상태에 대응하느라 기능항진으로 비대해지는 것
입니다.

크리스천은 자료를 분석한 결과, 제임스 섬의 사슴 대량 사
망은 전염병도, 기근도 아닌 스트레스에 의한 부신의 기능항
진이라고 판단했습니다. 그렇다면 사슴은 어떤 스트레스를
받았을까요?

1958년 2월은 혹독하게 추웠습니다. 그렇지 않아도 추위에

약한 사슴에게 제임스 섬과 육지 사이에 있는 해수는 차가웠습니다. 여느 때라면 사슴의 수가 너무 많아 높아진 섬의 밀도를 일시적으로 완화하기 위해 사슴들은 섬을 떠나 육지로 헤엄쳐 건너갔을 것입니다. 그런데 그해 2월, 사슴들은 너무 낮은 해수의 온도 때문에 좁은 제임스 섬에 갇혀버린 것입니다. 즉, 스트레스 해소법이었던 육지 나들이를 할 수 없었던 셈이지요.

이렇듯 사슴 사이에 정상적으로 확보해야 하는 거리를 전혀 확보하지 못한 데서 받은 스트레스로 부신의 기능이 치명적인 한도를 넘어 대량 사망이라는 결과를 초래했다고 크리스천은 설명합니다.

사슴은 무리를 지어 생활하는 동물이지만 동료 사이에는 거리를 두고 생활합니다. 이렇게 개체 간에 거리를 두면서 무리를 짓는 동물을 비접촉성 동물이라 부릅니다. 비접촉성 동물이 무리 속에서 동료와 두는 거리를 헤디거는 '개인적 거리'라고 부릅니다. 즉, 제임스 섬의 사슴 대량 사망은 비접촉성 동물이 '개인적 거리'를 확보하지 못하면 살아갈 수 없다는 사실을 보여주는 사례입니다.

하지만 똑같이 무리를 지어 생활하더라도 바다표범은 다릅니다. 바다표범은 동료와 거리를 두면서 생활하는 사슴과 같은 비접촉성 동물과는 달리, 해안에 오르면 서로 몸을 기댑니다. 즉, 접촉성 동물에 속하지요. 그러므로 바다표범 무리에게는 제임스 섬 같은 불행한 사태는 일어나지 않습니다.

헤디거는 '개인적 거리'와 더불어 '사회적 거리'라 부르는 공간·거리가 있다고 말합니다. 사슴과 마찬가지로 비접촉성 동물인 양이나 소, 말 등도 무리를 지어 생활합니다. 그들이 무리를 짓는 이유는 무리를 떠나 혼자가 되면 포식자에게 잡아먹힐 위험이 있기 때문입니다. 이렇게 자신의 무리와 다른 동료의 무리 사이에 두어야 할 거리가 '사회적 거리'입니다.

그러면 계속해서 사람과 사람 사이에 두어야 할 공간·거리에 관해 살펴봅시다.

인간 사이의 거리

홀은 인간도 다른 동물과 마찬가지로 사회성을 가진 비접촉성 동물로 보고, 동물의 거리 조정을 바탕으로 인간이 유지해야 할 거리에 대해 논의를 전개합니다.

여자라면 누구나 알고 있듯이, 상대에게 호감을 품은 남자가 보이는 최초의 징후는 여자에게 가까이 다가서는 것이다. 만약 여자에게 비슷한 감정이 일지 않는다면 뒤로 물러서는 행동으로

마음을 표시한다. -《숨겨진 차원》

홀이 지적하지 않더라도, 사람 사이에 거리를 두는 방법을 자연스럽게 몸에 익혀서 어렴풋이 알고는 있습니다. 우리는 의식하지는 않지만 다른 사람과 거리를 두어야 한다는 '숨어 있는 규칙', '암묵적인 규칙'이 있다고 느끼고 그 규칙을 지키며 생활합니다. 그 공간을 침범하면 문제가 생길지도 모른다는 사실도 은연중에 알고 있습니다.

> 모든 분류 체계의 배후에는 자료의 성격과 그 조직화의 기본 패턴에 관한 이론과 가설이 존재한다. 프록세믹스 분류 체계의 배후에 있는 가설은 다음과 같다. 인간을 포함한 동물의 본성에는 우리가 영토성이라고 부르는 행동이 나타나는데, 이러한 행동을 하는 과정에서 동물은 감각을 사용하여 공간이나 거리를 구별한다. 그때 어떤 거리를 선택하느냐는 교류 상황, 즉 서로 교류하는 개체가 어떤 관계인지, 그때 어떻게 느끼는지, 무엇을 하고 있는지에 달려 있다. -《숨겨진 차원》

지금까지 인간은 인격의 연장선에서 주위에 공간·거리를 둔다는 사실을 명확하게 거론하지 않고 간과해왔다고 홀은 말합니다. 그리고 개인적 공간의 연구를 '프록세믹스proxemics(근접학)'라고 명명하고 고찰했습니다.

헤디거가 조류나 포유류의 거리를 도주 거리, 치명적 거리, 개인적 거리, 사회적 거리로 분류한 것과 같이, 홀은 미국 북동부 연안에서 태어난 사람들을 관찰하고 인터뷰하여 밀접한 거리, 개인적 거리, 사회적 거리, 공적인 거리의 4분법으로 설명합니다.

이 4분법의 개요를 소개하겠습니다. 홀은 네 가지 분류의 하위분류로 가까운 단계와 먼 단계가 있다고 설명하는데, 여기서는 개괄적으로 네 가지 분류까지만 설명하겠습니다. 그리고 홀은 피트로 거리를 표기하지만, 우리에게 익숙한 미터로 표기하려 합니다.

먼저 공적인 거리입니다. 약 3.5미터를 넘는 거리로, 다른 사람과 이 거리 이상으로 멀어지면 위협을 받더라도 민첩하다면 피하든지 방어할 수 있는 거리입니다. 이 거리에서는 상대의 정확한 성질은 알 수 없습니다.

게다가 공적으로 중요한 인물과 거리를 둘 때는 자동적으로 9미터 정도의 간격이 벌어진다고 합니다. 그러고 보면 연예인이나 가수가 무대에 설 때 관객과 이 정도의 거리를 둔다는 사실을 알 수 있습니다. 또 대학에서 교탁과 학생과의 거리도 이 공적인 거리를 바탕으로 한 것이겠죠.

다음으로 사회적 거리는 약 1.2미터 이상, 공적인 거리인 약 3.5미터 이내입니다. 1.2미터 이상 멀어지면 상대방 얼굴의 세세한 부분까지는 보이지 않습니다. 또 특별한 노력이 없는 한 상대방과 닿지도 않고 그럴 시도조차 하지 않습니다. 상사와의 거리는 사회적 거리 범위 내에서도 먼 단계에 해당합니다. 그렇기에 상사의 책상은 비서나 방문객을 멀리하기에 충분할 만큼 커서 보통 2.4~2.7미터는 됩니다.

이 거리에서는 상대의 얼굴 전체가 보이니 눈동자를 돌릴 필요는 없습니다. 상대의 시선을 바라보지 않으면 상대를 피하는 행동으로 여겨져 대화가 중단되기 때문입니다. 사회적 거리의 최대치는 사람을 서로 격리하고 차단하는 거리이므로, 이 정도의 거리를 유지한다면 앞에 사람이 있더라도 신경 쓰지 않고 계속해서 일을 할 수 있습니다.

개인적 거리는 헤디거의 이론에서 비접촉성 동물이 동종의 동료와 유지해야 하는 거리를 가리킵니다. 생물이 자신과 다른 존재들 사이에 유지하는 작은 보호 영역 또는 보호 거품을 말합니다. 사람으로 바꾸어 생각하면, 서로 마주하고 있을 때 한 사람만 팔을 뻗어도 쉽게 닿는 거리에서 두 사람 모두 팔을 뻗어야 손가락이 닿을 수 있는 거리인 76센티미터에서 1.2미터까지의 범위라고 홀은 말합니다.

개인적 거리는 진정한 의미에서 신체적 지배력의 한계이기에, 손을 뻗을 수 있을 만큼의 공간을 확보하지 않으면 안정된 생활을 할 수 없다는 사실을 의미하기도 합니다. 상대방이 나의 체온과 냄새를 느낄 수 없고, 나도 느끼지 않아도 되는 거리입니다.

단, 76센티미터에서 1.2미터까지 조금 여유 있는 범위보다 좁은 거리인 45센티미터까지의 공간·거리도 개인적 거리라고 홀은 말합니다. 이 거리에서는 손과 발로 상대방을 만지거나 잡을 수 있습니다. 부부 사이라면 특별한 애정 표현을 할 때 외에 일상적으로 이 거리 안에 있어도 싫은 느낌을 갖지 않는다는 관찰을 바탕으로 홀은 약 45센티미터까지를 개인적 거리로 잡았습니다. 즉, 가족 간에는 약 45센티미터까지는 접근을 허용할 수 있다는 말입니다.

4분법 최후의 거리 분류로 45센티미터 이하의 접근, 즉 밀접한 거리가 있습니다. 밀접한 거리에 침입한다는 것은 상대의 존재감을 확실히 느끼고 냄새, 체온, 숨소리까지 감지할 수 있으니 타인과 밀접하게 관계하고 있다는 명확한 신호라고 홀은 말합니다.

그래도 15센티미터 이상 떨어져 있다면 머리, 골반, 허벅지까지 쉽게 닿지는 않지만, 손이 상대의 손과 닿든지, 잡을 수도 있습니다. 목소리는 작아지고 때로는 속삭이게 됩니다. 꽤 밀접한 관계의 거리로, 서로 허락하는 관계가 아닌 이상 이 거리 안에 들어가지는 않습니다.

후각과 방사열의 감각뿐이다. 그리고 이 두 가지 감각은 민감해진다. 최대한의 접촉 단계에서는 근육과 피부가 서로 교류를 이룬다. 골반, 허벅지, 머리가 사용될 때도 있고 팔로 안을 수도 있다.

-《숨겨진 차원》

윗글과 같이 15센티미터 이내에 대한 설명을 들으면 어린아이를 껴안은 어머니를 연상하는 사람도 있는가 하면, 연인의 모습을 떠올리는 사람도 있을 것입니다. 어느 쪽이든 아주 밀접한 관계가 아니면 취할 수 없는 거리인 것만은 확실합니다. 홀도 애무, 위로, 보호의 거리라고 말했는데, 그와 동시에 밀접한 거리는 '격투'의 거리이기도 합니다.

이를테면 거친 무리가 자기 뜻에 따르지 않는 상대와 머리를 맞대고 코가 닿을 듯한 거리까지 얼굴을 들이대며 "뭐야, 이 자식!"이라고 소리치는 광경, 프로 스포츠에서 애매한 판정을 둘러싸고 심판에게 대드는 선수의 광경 등이 홀이 말한

격투의 거리에서 발생하는 일입니다. 즉, 상대의 밀접한 거리 내에 들어감으로써 상대를 위협하거나 공격하는 것입니다.

✳
거리 두기

사람에게는 장소나 관계성에 따라 타인과 유지하는 거리가 있다고 홀은 말합니다. 이러한 홀의 이론을 바탕으로 일상에서 발생하는 거리 두기의 문제를 앞부분에서 예로 든 성추행 사례와 함께 분석해보도록 합시다.

아무도 없는 승강장에 홀로 서 있다고 생각해봅시다. 보통은 승차 위치가 표시된 곳에 서서 전철을 기다립니다. 그런데 타려는 차량의 표식 앞에 서 있는데 아무도 없는 승강장에서 낯선 사람이 다른 자리를 다 놔두고 가까이 다가와서 선다면 어떤 생각이 들까요? 이유는 모르지만 왠지 꺼림칙하다는 생각이 들지 않을까요?

그 이유는 이런 장소에서는 당연히 1.2~3.5미터 정도 떨어져야 한다고 생각하기 때문입니다. 마찬가지로 텅 빈 전철의 구석 자리에 앉아 있는데 낯선 사람이 같은 차량에, 그것도 바싹 다가와서 앉는다면 그런 행동만으로도 수상한 사람이라 여깁니다. 이러한 불쾌감은 원래 공공장소에서 유지하고 싶은 거리인 공적인 거리는 고사하고 사회적 거리까지 침범당했기에 느끼는 감정입니다.

그런데 출퇴근이나 통학할 때의 차 안은 너무 혼잡하여 누구나 자신이 안전하다고 느끼는 1.2미터는 고사하고, 개인적 거리로 사수하고 싶은 마지노선인 45센티미터조차 확보하지 못합니다. 바꿔 말하면 원래 친밀한 관계에서만 취하는 밀접한 거리에 낯선 누군가가 침입한 상태가 됩니다. 홀의 이론에 의하면 이 거리는 '근육과 피부가 서로 교류'하는 상태입니다.

친밀한 관계가 아닌 사람과 밀접한 거리 안에 있어야 한다면 스트레스 지수는 당연히 높아집니다. 그리고 밀접한 거리의 또 다른 기능인 '격투'가 언제 발생할지 모르는 상태가 됩니다.

이렇게 밀접한 거리가 불러일으키는 위험성을 염두에 두고 논의를 전개하며, 홀은 다음과 같은 이야기로 우리에게 경종을 울립니다.

중산 계층의 미국 성인들은 자녀들이 자동차나 해변에서 타인과 서로 친밀하게 접촉하는 모습을 관망하기는 해도 공공장소에서 밀접한 거리를 취하는 것은 적절하지 않다고 생각한다. 만원 버스나 지하철에서는 밀접한 공간에 낯선 사람을 들여놓은 것과 같은 상태가 된다. 그래서 승객들은 대중교통수단의 친밀한 공간에서 진정한 친밀함을 제거하는 방어 수단을 강구한다. 기본적인 방책은 가능한 한 움직이지 않는 것이며, 몸의 일부나 손발이 다른 사람과 닿으면 될 수 있는 대로 움츠린다. 그것이 여의치 않으면 접촉된 부위의 근육은 긴장된다. 비접촉성 집단에 속한 사람들은 예로부터 낯선 사람과 느긋하게 신체적인 접촉을 즐기는 것을 금기시한다! 만원 엘리베이터에서는 양팔을 몸 옆에 붙이거나 난간을 꼭 잡고 몸이 움직이지 않도록 한다. 눈은 허공을 응시하고 타인에게는 스치는 눈길 이상의 시선을 두지 않도록 한다.　　　　　　　　　　　　　　　　　　　　　－《숨겨진 차원》

　곰곰이 생각해보면 현대를 살아가면서 대중교통에 의존하지 않을 수는 없습니다. 사람들이 도시로 모여드는 아침, 그리고 도시에서 외곽으로 귀가하는 저녁 시간대의 혼잡한 전철의 모습은 당연한 일상이 되었습니다. 또 학교에서도 개인적 거리의 공간이 보장되지 않는 좁은 교실에 오랜 시간 갇혀 있습니다. 물론 직장에서도 마찬가지로 좁은 공간에 갇혀 있는 사람도 있겠지요. 그 광경은 그저 주는 대로 사료를 먹고 연이어 달걀만 낳는, 양계장에 갇힌 가련한 닭의 모습을 연상시킵니다. 가축과 마찬가지로 우리 인간도 사육되는 환경에 처해 있습니다.

현대인들은 홀이 울리는 경종에 귀를 기울일 여유조차 잃어가고 있는 듯합니다. 바꿔 말하면, 현대는 신경이 곤두선 사람들로 넘쳐나고 있다는 말이 됩니다.

 읽을거리

《숨겨진 차원》, 에드워드 홀, 한길사, 2013.
《사회학으로 무엇을 할 수 있는가社会学でなにができるか》, 오쿠무라 리쿠奧村陸

6장
관점에 따라 현실이 바뀐다

만들어지는 현실 _____

✻
혈액형과 성격

"너 A형이지! 그럴 줄 알았어. 꼼꼼하잖아."

"걘 좀 별난 구석이 있어. B형이거든!"

여러분 주변에서도 이런 대화를 나누는 사람이 가끔 있지 않나요? 내 지인 중에도 혈액형으로 사람을 판단하는 사람이 있는데, 새로운 사람을 만나면 금방 혈액형 이야기로 대화의 꽃을 피웁니다. 하지만 이런 대화는 '혈액형으로 성격이 정해진다'는 전제하에 이루어집니다.

참고로 일반적으로 흔히 알려진 혈액형에 따른 성격을 학생들에게 물어보니, A형은 꼼꼼하고, B형은 마이 페이스이며, O형은 대범하고, AB형은 이중인격이라고 합니다. 이 통설에 따라 친구의 혈액형을 맞추고는 해냈다는 듯한 표정으로 자신의 통찰력을 자랑하는 사람도 많은 것 같습니다. 상대의 말과 행동을 관찰하여 성격을 파악하고는 일반적으로 정의된 혈액형 성격 진단 기준에 끼워 맞춰 혈액형을 맞추는 것입니다.

과연 혈액형과 성격의 관련성에는 과학적인 근거가 있을까요?

혈액형과 성격의 관련성은 1927년 후루카와 다케지古川竹二가 《심리학연구心理学研究》에 발표한 〈혈액형에 따른 기질 연구〉가 발단입니다. 이 논문은 당시 상당한 반향을 불러일으켜서 후루카와가 논문을 발표한 이후로 5~6년 동안 혈액형과 성격에 관한 학술 논문이 300건 이상 쏟아졌습니다.

그런데 후루카와의 논문으로 시작하여 세계의 여러 학자들이 조사하고 연구했지만, 결국 혈액형과 성격의 관련성을 입증하지는 못했습니다. 후루카와의 가설은 학계에 강렬한 바람을 불러일으켰지만 그 당시에는 인정받지 못한 것입니다. 그럼에도 불구하고 아직도 일본 사람들은 증명할 필요도 없이 확실하다는 듯 일상생활에서 혈액형에 따른 성격 진단설을 이야기합니다. 참 신기한 현상입니다.

그렇다면 왜 과거에 학계에서 인정받지 못한 '혈액형과 성격과의 관련 가설'(이후 혈액형 가설)이 일본에서는 사람들의 지지를 받아 계속해서 맥을 이어오고 있을까요? 후루카와 다

케지가 제시한 혈액형 가설은 그 당시에 묻혀버렸기에 일본에서도 한동안 입에 오르내리지 않았습니다. 그런데 1971년 노미 마사히코能見正比子가 《혈액형으로 아는 서로의 관계血液型でわかる相性》라는 책을 출간했습니다. 그러자 순식간에 혈액형 가설이 재정비되어 사람들의 지지를 받았습니다. 이번에는 학문으로서가 아니라 사회적으로 폭넓게 받아들여진 것입니다.

혈액형에 따라 성격이 다르다는 설을 받아들이는 이유는 무엇일까요? 확실히 혈액형과 성격은 관련이 있다는 생활 속 경험에서 도출된 무엇이 있어서일까요? 아니면 미리 혈액형에 따라 성격이 다르다는 틀을 만들어놓으니 그렇게 보이는 걸까요?

아무리 생각해도 인물이 지닌 다양한 성격의 측면이 있는데도 불구하고 통설로 공유되는 혈액형에 따른 성격만 주목해서 보니 그렇게 보이는 것이 아닐까 하는 생각이 듭니다. 즉, 다른 측면의 성격은 살피지 않고 통설에 따라 그 혈액형에 맞는 성격을 열심히 찾아내니 그렇게 보이는 것이 아닐까요?

✸
환경 이미지

대개는 주체적으로 자신을 둘러싼 환경을 관찰하면서 현실을 판단하고 행동하면서 살아간다고 생각합니다. 월터 리프먼Walter Lippmann(1889~1974)은 그러한 점에 의문을 던진 사람입니다.

리프먼은 사람이 소속된 집단 내에서 유포되는 생각이나 이미지에 따라 현실 환경을 판단하고 행동한다고 말합니다. 이런 현상을 설명하면서 상당히 흥미진진한 사례를 듭니다.

1914년 어느 섬에 영국인, 프랑스인, 독일인이 함께 살고 있었습니다. 섬 주민들이 바깥세상 소식을 알 수 있는 유일한 통로는 두 달에 한 번 영국에서 오는 연락선이었습니다. 9월이 되어 연락선을 기다리는 섬 주민의 화제는 〈르 피가로〉 지의 편집장 가스통 칼메트가 조제프 카요 장관 부인에게 사살

된 치정 사건(프랑스 〈르 피가로〉 지의 편집자였던 가스통 칼메트가 1913년과 1914년에 당시 재무장관 조제프 카이요의 정책을 신랄하게 비판했는데, 1914년 3월 16일 재무장관의 죄상에 관한 문서가 발표되기 직전에 칼메트는 자신의 사무실에서 카이요 장관 부인의 총에 맞아 죽었다-옮긴이)에 관한 재판의 행방입니다. 두 달 전에 본 기사에서 '판결 임박'이라고 보도되었기 때문이지요.

그래서 9월 중순에 섬으로 배가 들어오자 많은 섬사람들은 판결 결과가 궁금해서 모여들었습니다. 재판의 행방을 화제로 삼는 섬 주민은 현실 환경인 평화로운 섬의 일상에 전혀 의문을 품지 않고 지냈습니다.

그런데 두 달에 한 번 연락선이 찾아오는 그 공백 기간에 이미 유럽은 1차 대전에 돌입했습니다. 연락선이 오기 6주 전에 영국과 프랑스 양국은 독일과 전쟁을 시작한 것입니다. 그런데 섬 주민들은 서로가 적이라는 사실을 모른 채 평온하고도 기이한 6주를 보냈습니다.

이 사례를 들어 리프먼은 '의사 환경pseudo-environment'이라고 이름 붙인 환경 이미지를 제시합니다. 사람은 대상이 되는 것이 시간적으로나 공간적으로 닫혀 있거나, 대상 자체가 너무 복잡해서 파악할 수 없는 경우에는 자신의 머리 안에서 그 대상을 대신하는 편리한 환경 이미지를 구성한다고 합니다.

위의 사례에 이를 적용하면, 섬 주민은 평화로운 일상인 현실 환경에서 세계가 전쟁에 돌입했다고는 생각지도 않습니다. 그야말로 평화롭기 그지없는 자신들의 머릿속에 비친 세계상을 신뢰합니다. 섬 주민은 서로가 적이 된 전시 상황의 현실 환경을 상상하지 않았고, 평화로운 환경의 이미지를 그리고 그 이미지에 따라 현실을 형성했습니다. 즉, 리프먼이 '의사 환경'이라고 부른 환경 이미지에 맞추어 행동한 것입니다.

또 미지의 사물이나 상황에 맞닥뜨렸을 때, 사람들은 자신이 소속한 집단 내에서 넓게 퍼져 있는 보편적이고 획일적인 관념이나 이미지에 의존하여 그것의 의미를 확정하려 합니다. 이때, 현실을 자의적으로 골라서 이미지화하게 되는데 그러한 경향을 리프먼은 **고정관념**stereotype이라 부르고 다음과 같이 설명합니다.

보통 우리는 먼저 본 다음에 정의하지 않고, 정의를 내린 뒤에 보게 된다. 외계의 크고 번성하고 소란스러운 혼돈 속에서 문화가 미리 우리를 위해 정의해준 것을 집어 든다. 그리고 그렇게 집어 든 것을 문화에 의해 고정관념화된 형태대로 지각하려 한다.

-《여론》

노무라 가즈오野村一夫의 이론(《사회학 감각社会学感覚》)으로 리프먼의 고정관념을 설명하면 다음과 같습니다.

처음으로 동물원에 가서 코끼리를 보고 온 어린이에게 어머니가 이렇게 묻습니다.

"코끼리 봤니?"

그러면 어린이는 아주 자신만만하게 대답합니다.

"응, 코가 아주 길었어."

하지만 관찰하고 나서 정의한다면 코끼리의 긴 다리나 동그란 눈, 몸에 털이 있는 점 등도 알 수 있었을 텐데, 어린이는 그런 점은 전혀 알아채지 못합니다. 어린이는 코끼리는 코가 긴 동물이라고 배웠기 때문에 실제로 보아도 한 가지 요소에 지나지 않는 기다란 코만 본 것입니다.

✳ 촌마게와 가발－시대에 따라 바뀌는 관점

"혹시 몇 살이세요?"

"○○살이에요."

"어머, 말도 안 돼. 그 나이로 안 보여요!"

요즘 들어서 사회생활 하는 데 필수적인 인사치레처럼 이런 대화를 주고받는 모습을 자주 봅니다. 최근에 많은 사람들이 노화를 방지하고 피부를 탱탱하게 하는 효과가 있다고 알려진 안티에이징(항노화 요법) 식품과 상품에 민감하게 반응합니다. 그래서인지 의료나 미용, 건강 분야에서 노화 예방과 지연을 강조하는 광고를 자주 볼 수 있습니다.

개그맨 가와하라 하루카·가나타 콤비를 아십니까? 가나타가 1 대 9로 나누어 잘 빗어 넘긴 하루카의 머리를 향해 입김을 세게 불면, 머리카락 속에 숨겨져 있던 하루카의 대머리가 드러나면서 웃음을 유발하는 콤비의 개그는 부정적으로 여겨지는 '노화'를 숨기려는 현대인의 모습을 역으로 공략하여 웃음을 자아냅니다. 또 이러한 개그를 통해 안티에이징이 우리 생활에 깊이 침투했다는 사실을 알 수 있습니다.

사회학자 우에노 지즈코上野千鶴子는 현대 사람들이 나이 드는 것에 대한 저항으로 숱이 적은 머리를 꺼리는 이러한 현상을 근대 이전 성인 남성의 머리 형태인 촌마게를 예로 들어 설명합니다(《늙음의 발견 2老いの発見 2》).

우에노 교수는 몽골인의 변발과 함께 세계적으로도 기이하다고 평가받는 풍속인 일본의 촌마게가 어떻게 생겨났는지에 대한 문제의식으로부터 논의를 전개합니다. 이 책에서 우에노 교수는 머리 한가운데를 밀고 정수리 주위에 남은 머리를 틀어 묶는 일본 성인 남성의 풍습이었던 촌마게가 노인의 대머리를 젊은이가 흉내 낸 머리 형태라고 주장합니다. 다시 말하면, 빨리 노인처럼 사려 깊은 인물이 되고 싶다는, 노인에 대한 동경심에서 생겨난 풍습이라고 분석합니다. 그리고 노인에 대한 동경이 만들어낸 머리 형태는 중세 서구에서도 나타난다고 지적합니다. 바로 성인 남성이 공식적인 자리에 참석할 때에 쓰는 백발 가발입니다.

내가 다녔던 초등학교에서는 고학년은 음악 수업을 음악실에서 받았습니다. 음악실에 가면 여러 음악가의 초상화가 벽에 걸려 있었습니다. 초상화 속 인물의 머리 형태는 다양했지만 모두 백발이었습니다. 참 신기했습니다. 하지만 이렇게 생각했습니다.

'음악가는 모두 나이가 들어야 유명해지는구나.'

그런데 백발의 음악가들 사이에서 베토벤만이 자연스러운 웨이브의 검은 머리였습니다. 그래서 베토벤은 음악계에서는 획기적인 존재로 '젊어서부터 유명해진 음악가'라고 내 나름대로 판단하곤 했습니다. 내가 베토벤 이전의 음악가들이 백발 가발을 썼다는 사실을 안 것은 훨씬 뒤였습니다. 바로크 음악 시대인 17세기에서 18세기 중반에 활동한 바흐나 헨델 등은 귀족들이 공식적인 자리에서 권위의 표시로 백발 가발을 쓰는 관습에 따라 가발을 썼다고 합니다.

우에노 교수는 서양의 백발 가발도 풍부한 지식과 경험을 겸비한 권위 있는 노인에 대한 존경심에서 생겨난 풍습이라고 말합니다. 즉, 서양의 백발 가발, 일본의 촌마게는 둘 다 노인을 동경하는 마음에서 생겨난 머리 형태였습니다.

그런데 근대에 들어서 달라졌습니다. 어떻게 달라졌는지 우에노 교수는 다음과 같이 설명합니다.

일본은 지난 100년 사이에 급속히 촌마게 시대에서 '모발 이식' 시대로 변했다. 노인의 지위 하락은 풍습 면에서도 '나이 들어 보이는 것'의 가치를 플러스에서 마이너스로 급속히 전환시켰다.

-〈노인 문제와 노후 문제의 낙차〉

노인의 지위가 크게 변한 이유는 전통적인 농업사회에서 공업사회로 전환된 데 원인이 있다고 우에노 교수는 말합니다. 다시 말하면, 노인에 대한 사회적 가치관의 변화가 사람들이 노인을 보는 '관점'에까지 변화를 가져왔고 그러면서 노인을 상징하는 머리 형태는 사라져버렸습니다.

이렇게 각 시대마다 형성되는 인간 사회의 가치관, 규범, 문화를 매개로 하여 같은 대상을 보는 우리의 관점(=지각)은 변화합니다. 시대에 따라 현실을 포착하는 지각이 변하는 사례를 좀 더 살펴봅시다.

※

까마귀를 보는 관점

여러분은 까마귀에 대해 어떤 인상을 갖고 있나요?

길을 걷다가 시커멓고 커다란 까마귀가 머리를 스칠 듯이 날아와서 깜짝 놀란 적은 없나요? 사람이 가까이 다가가도 쓰레기더미에 머리를 박고는 마치 내 것이라고 주장하는 듯 버티면서 달아나지도 않는 까마귀를 나도 별로 좋아하지 않습니다. 그런데 까마귀와 사람은 한때 꽤 친밀한 사이였습니다.

'덴세이진고天聲人語'(〈아사히신문〉 2001년 5월 9일 자)에 다음과 같은 글이 실려 있습니다.

인간과 까마귀의 관계는 그 역사가 길지만, 지금처럼 첨예하게 대립했던 적은 없었던 듯하다. 요즘 둘 사이의 분위기는 험악하다. 도쿄 도는 작년에 이어서 이달 9일부터 까마귀의 새끼와 둥지를 제거하는 '긴급 포획 작전'을 개시한다.

도쿄 도 측은 먼저 싸움을 건 쪽은 까마귀라고 변명한다. '불손하게도 인간을 위협하거나 덮치니 일시적인 강경책은 불가피하다.' 그러니 정당방위라는 주장이다.

까마귀 측도 '내 맘이지'라며 버팅기고만 있을 수는 없다. 그들도 할 말은 있다. 거리에 맛있는 음식(쓰레기)이 천지에 널려 있으니 '어서 오세요'라고 초대라도 하는 듯하다. 자기들이 불편하다고 등 돌리고 '제거'한다니, 당치도 않는 소리다. 인간을 덮치는 불손한 까마귀는 지극히 소수다. '전부 인간들 맘대로냐'라며 따지고도 싶을 터이다.

인간과 까마귀가 평화롭게 공존하던 목가적인 시대를 떠올려본다. 다이쇼 시대(1912~1926)가 그랬다. 그 시절부터 즐겨 부르는, 일본인이라면 모르는 사람이 없는 동요 〈해질 녘 어스름한〉(나카무라 우코中村雨紅 작시)에서는 '까마귀와 함께 집에 갑시다'라며 함께 손을 잡고 집으로 돌아간다.

비슷한 시기에 노구치 우조野口雨情 작시 〈일곱 살 난 아이〉에서는 까마귀가 새끼를 그리워하며 '까악까악' 운다.

이 글은 일본 역사에서 까마귀의 존재 가치가 변해가는 모습을 잘 나타냅니다. 이런 지적을 받고 나면 어린 시절에 즐겨 불렀던 추억의 동요에 까마귀에 대한 친근한 마음이 담겨 있었다는 사실에 새삼 놀랍니다. 하지만 '덴세이진고'에서 지적하기 전에는 자각하지 못했던 이유는 가사의 뜻은 신경 쓰지 않고 흥얼거렸기 때문이겠지요.

평화 공존에서 급변하여 적으로 변했다고 해도 까마귀 자체가 변한 것은 아니라는 점은 확실합니다. 단지 까마귀를 대하는 인간의 관점이 변한 것입니다. 우리의 생활이 변하면서 까마귀를 성가신 존재로 취급하게 된 셈입니다.

이렇듯 시대나 지역에 국한된 가치관으로 인해 특정 대상에 관해 편중된 지각을 만들어냅니다. 그리고 그 결과 일종의 사회현상이 생겨나기도 합니다.

블랙 배스는 이로운가, 해로운가?

지각의 문제는 사회와 인간과의 관계를 논하는 사회학에서 상당히 흥미 있게 다루는 주제입니다. 이번에는 〈아사히신문〉의 '목소리'에 게재된 마쓰노 고이치(60세) 씨가 쓴 '블랙 배스, 의외로 유용하다'(2001년 9월 2일 자)를 읽고 이야기해봅시다.

집 위 상공에서 '히효로로' 하고 솔개가 운다. 오사카에서 온 친구는 이 소리에 놀란다. 처음 들어봤다고 한다.
1년 정도 전, 쓰레기를 좀 늦게 내놓으라는 동사무소의 안내가 있었다. 아침 일찍 내놓으면 까마귀가 봉투를 찢어서 쓰레기를 흩어놓기 때문이었다. 하지만 솔개가 날아오고부터는 까마귀가 줄었다. 솔개는 까마귀의 천적이다.

솔개 수가 늘어난 이유는 먹이인 블랙 배스가 비와 호湖에 풍부하기 때문이라고 한다. 솔개는 낚시꾼이 놓아준 힘없는 배스를 주로 노린다. 바람이 강한 날이면 하마오쓰浜大津 항이나 오고토雄琴 항에 많은 솔개가 몰려든다. 파도가 높으면 호수 밑바닥에 있던 약해진 배스나 배스의 사체가 떠내려오기 때문이다.

호수 북쪽에서는 작년 겨울 시베리아 등지에서 날아온 수리독수리 세 마리가 확인됐다고 한다. 역시 블랙 배스를 먹고사는 새다. 블랙 배스는 천연기념물인 수리독수리를 보호하고 쓰레기를 흘어놓는 까마귀를 쫓아내고 있다.

블랙 배스는 몸집에 비해 손맛이 좋아 루어 낚시꾼들이 좋아하는 담수어입니다. 하지만 외래 생물이고 어식성이 강하다는 설이 있어서 재래 생물을 비롯한 생태계에 악영향을 끼친다는 이유로 나쁜 물고기라는 이미지가 정착되어 있습니다. 특히 은어, 붕어, 몰개 같은 물고기를 잡는 비와 호의 어민들은 밀방류로 인해 블랙 배스가 증가하여 어획량이 감소되었다고 생각합니다.

그런데 마쓰노 씨도 비와 호를 둘러싸고 있는 오쓰 시에 살지만 블랙 배스에 대한 생각은 어민들과는 정반대입니다. 왜일까요?

마쓰노 씨는 회사 임원으로 어민들과는 사회적 위치가 다릅니다. 그러니 마쓰노 씨의 입장에서 본다면 은어의 어획량은 중요하지 않으며, 까마귀의 천적인 솔개가 날아다닌다는 사실이 중요합니다. 게다가 천연기념물인 수리독수리까지 날아다니니 더할 나위 없이 좋은 일입니다. 그러니 마쓰노 씨는 자신이 그리는 이상적인 풍경을 만들어주는 블랙 배스를 이로운 물고기로 지각합니다.

낚시업자도 블랙 배스로 인해 낚시 도구의 구매율이 높아지니 이익을 가져다주는 블랙 배스를 이로운 물고기로 지각하지 않을까요? 즉, 이로운지 해로운지는 대상이 되는 실체에 의해서가 아니라 그것을 지각하는 인간의 가치관에 의해 결정됩니다.

그래서 우리의 지각은 항상 시대나 사회에 따라, 사회적 위치에 따라 기울어지게 됩니다.

만들어지는 현실

혈액형과 성격의 관련성 문제에서 시작하여 우리가 현실을 포착하는 문제에 관해 시대나 사회적 위치를 가지고 살펴보았습니다만, 다시 한 번 혈액형으로 돌아가봅시다.

2013년 2월에 사망한 가부키 배우 12대 이치카와 단주로 市川団十郎가 백혈병을 극복하고 무대에 복귀했을 때의 일화가 '덴세이진고'(《아사히신문》 2008년 12월 17일 자)에 실렸습니다.

가부키 배우 이치카와 단주로(62)의 혈액형이 A형에서 O형으로 바뀌었다고 한다. 빈혈 치료로 O형인 여동생에게 조혈간세포를 이식받은 결과라고 한다. 이치카와 단주로는 새해 복귀 공연을 앞둔 회견에서 "A형과 O형의 연기가 어떻게 다른지 직접 확인해보시기 바랍니다"라고 장난스럽게 언급했다.

혈액형 관련 책이 올해의 베스트셀러 10 중에 세 권이나 들어가 있는 것만 보아도 일본 사람들은 혈액형과 성격의 관련성에 관심이 높다는 사실을 알 수 있습니다. 그런 사실은 별개로 쳐도, 치료 후 혈액형이 바뀐 사실에 대해 언급한 12대 이치카와 단주로의 대담은 꽤 흥미롭지 않습니까?

혈액형과 성격이 관련이 있다면 12대 이치카와 단주로는 성격도 바뀌고 당연히 연기도 달라졌겠지요. 사회에 의해 만들어진 색안경을 끼고 세상 혹은 사람을 보고 있지는 않은지 항상 생각할 필요가 있습니다.

 읽을거리

《여론》, 월터 리프먼, 동서문화사, 2011.
《현대의 에스프리, 편견과 고정관념의 심리학現代のエスプリ, 偏見とステレオタイプの心理学》, 사토 다쓰야佐藤達哉 외 편집
《혈액형으로 아는 서로의 관계血液型でわかる相性》, 노미 마사히코
《사회학 감각社会学感覚》, 노무라 가즈오
《전후 아메리카니제이션의 풍경戦後アメリカニゼーションの原風景》, 이와모토 시게키
《늙음의 발견 2老いの発見 2》, 우에노 지즈코

7장

내 취향을 찾아서

일상에서 부딪치는 이문화 _____

달걀구이

우리 집 달걀말이는 간장과 설탕이 듬뿍 들어서 달콤합니다. 중학교 때부터 나는 도시락을 가지고 다녔는데, 달걀말이는 그 시절 나를 포함한 친구들의 단골 도시락 반찬이었습니다. 친구들이 싸 오는 달걀말이는 노란색에서 갈색에 이르기까지 색깔이 다양했지만, 그 차이는 단순히 간장의 양이나 굽는 정도의 문제이지, 맛이야 거기서 거기라고 생각했습니다.

고등학생이 되어서였습니다. 어느 날, 점심시간에 옆자리 여학생의 도시락 반찬통에 들어 있는 달걀말이가 눈에 들어왔습니다. 회색인 데다가 달걀말이에 거뭇거뭇하게 조그만 반점이 있었습니다. 나도 모르게 시선이 꽂혔습니다. 중학생 때와는 달리 고등학생이 되어서는 이성과도 부끄러워하지 않고 이야기를 나누곤 했습니다. 그래서인지 빨려들기라도 하듯이 달걀말이를 응시하고 있는 내 시선을 눈치챈 여학생은 내 달걀말이를 흘낏 보더니 스스럼없이 이렇게 물었습니다.

"바꿔 먹어볼래?"

그래서 각자의 도시락에서 달걀말이를 한 조각씩 집어 먹었습니다.

여학생의 달걀말이를 입에 넣은 순간, 나는 충격을 받았습니다. 향신료 맛이 너무 강했기 때문입니다. 여학생은 여학생대로 내 달걀말이를 한 입 베어 물고는 "너무 달아!"라며 호들갑을 떨었습니다.

어떻게 만드는지 물어보니 여학생 집의 달걀말이에는 소금과 후추를 넣는다고 했습니다. 그래서 후추 색이 배어 나와 회색 달걀말이가 만들어진 것이지요. 같은 달걀말이인데, 그것도 같은 나라에서 같은 지역에 살고 있는데도 이렇게 차이가 난다는 사실이 놀라웠습니다. 그 후 그녀와 달걀 요리에 대한 이야기를 나누다가 화제가 '메다마야키目玉焼き'(일본에서는 눈동자目玉를 닮았다는 의미에서 달걀 프라이를 이렇게 부른다 – 옮긴이)로까지 이어졌습니다.

우리 집에서는 '메다마야키'를 만들 때 달걀 양면을 다 구운 뒤 간장을 뿌려 먹습니다. 내 말을 들은 그녀는 "그건 '메다마야키'가 아니잖아"라며 이의를 제기했습니다. 그녀는 노른자가 터지지 않고 그대로 모양을 유지해야지 '메다마(눈알)'로 보이고, 그래야 '메다마야키'라고 부를 수 있다고 했습니다. 프라이팬에 달걀을 깨서 소금과 후추를 뿌리고 물을 조금 부어 프라이팬 뚜껑을 닫아서 조리하면 노른자가 터지지 않고 메다마야키가 만들어진다고 알려주었습니다. 그 여학생에게는 물을 사용하지 않고 뚜껑을 덮어서 익히지도 않으며 노른자를 터뜨려 양면을 다 구워버리는 우리 집 '메다마야키'는 노른자가 흰자 아래로 숨어서 보이지 않아 '메다마' 모양이 아니니 '메다마야키'가 아니었습니다.

이 에피소드에는 다음과 같은 메시지가 담겨 있습니다.

우리는 타인과 대화를 나누는 도중에 요리가 화제로 등장하면 서로 알고 있는 요리여야 이해할 수 있습니다. 하지만 개개인의 머리에 그려진 요리는 자신의 경험을 바탕으로 한 요리뿐입니다.

달리 말해, 내가 "오늘 아침에는 달걀 프라이 먹었어"라고 말했을 때는 양면을 다 구운 달걀 프라이를 의미하지만, 상대방은 한 면만 굽는 방법으로 요리한다면 한 면만 구운 달걀 프라이를 머리에 떠올리면서 이해합니다. 그리고 맛에 대해서도 달걀말이의 예와 같이 자기 집의 맛을 연상하면서 이해할 뿐입니다.

✳

커피

달걀말이의 차이는 각 가정에 따라 다른 요리법에서 생겨난 사소한 차이에 지나지 않습니다. 이를테면 카레라이스에 간장을 넣는 사람이 있는가 하면 우스터소스를 넣는 사람도 있고 날달걀을 넣어서 먹는 사람이 있는 것처럼 말입니다. 다코야키도 양배추를 넣는 사람부터 치즈를 넣는 사람, 하물며 곤약을 넣는 사람도 있어서, 요리법이나 먹는 방법의 차이를 들자면 한도 끝도 없습니다.

하지만 지금부터 이야기하려는 대학 시절의 추억담에는 이러한 단편적인 차이로 뭉뚱그릴 수 없는 문제가 드러납니다.

대학에 입학하고 얼마 되지 않은 5월 중순의 일이었습니다. 같은 제미에 속해 있던 여학생과 학교 앞 커피숍에 가게 되었습니다. 내 활동 무대가 주로 간사이라고는 해도 오사카나 고

베와 같은 도시에서 좀 떨어진 나라 지역이기 때문이어서 그랬는지, 그때까지는 커피숍에서 하는 내 행동에 대해 전혀 위화감을 느끼지 못했던지라 그날도 평소에 하던 대로 했습니다.

오사카 출신인 여학생이 커피를 주문하기에 나도 같은 것을 주문했습니다. 커피가 테이블에 놓이자, 그녀는 설탕통의 뚜껑을 열고는 스푼으로 설탕을 덜어내면서 나에게 물었습니다.

여학생 몇 스푼 넣어?
나 다섯 스푼.
여학생 뭐? 다섯 스푼?
나 응.

나는 이성을 배려하는 그녀의 능숙한 태도에 놀랐는데, 그녀는 그녀대로 내가 요청한 설탕의 양에 놀란 눈치였습니다.

우리 가족은 달걀말이도 그렇듯 달게 먹는 편입니다. 그래서 커피에도 설탕을 다섯 스푼이나, 그것도 소복하게 넣습니다. 그런 점에 대해 나는 조금도 거리낌이 없었습니다. 그 후 그녀가 크림이 들어 있는 용기를 들고는 물었습니다.

여학생 크림도 넣니?

나 응.

여학생 그럼 내가 부을 테니 됐으면 그만하라고 해.

나 응, 알았어.

여학생은 크림을 부으면서 언제 그만하라고 하려나 몇 번이나 내 얼굴을 흘깃거렸습니다. 하지만 나는 듬뿍 넣길 바랐기에 커피잔이 가득 찰 때까지 기다렸습니다. 그만하라는 소리를 기다리고 있던 여학생의 입장에서 본다면 설탕뿐만 아니라 크림까지 이렇게 많이 넣으리라고는 생각지도 않았을 테지요.

너무 많이 넣는 것은 좀 그렇다고 해도, 나는 커피에는 당연히 크림을 넣어야 된다고 생각했습니다. 그 당시 텔레비전 광고에서 '커피에는 크리마(크림의 상품명)……'라는 광고 문구가 자주 흘러나와서 커피에 크림을 넣지 않으면 왠지 시대에 뒤떨어진 사람인 듯한 느낌이 들었기 때문입니다.

그녀는 자신의 커피에는 설탕도, 크림도 넣지 않았습니다. 그리고 커피잔을 들고는 한 모금 마신 후에 얌전히 내려놓으면서 혼잣말이라도 하듯이 이렇게 내뱉었습니다.

"역시 커피는 블랙이야."

나는 마른하늘에 날벼락이 떨어진 듯한 충격을 받았습니

다. 그녀가 내뱉은 말은 '네가 마시는 거, 그건 커피도 아니야. 커피 맛을 모르는 사람이나 그렇게 마셔'라며 나를 무시하는 듯했습니다. 모자란 부분을 드러내 보이고 부끄러웠던 나는 다음에 다른 여성과 커피숍에 갈 때는 어떻게든 치욕을 만회해야겠다고 생각했습니다.

그리고 얼마 후 다른 여성과 커피숍에 갈 기회가 생겼습니다. 그때는 커피에 정통한 사람이기라도 한 듯 연기했습니다. 그녀도 마찬가지로 내게 설탕의 양을 물었습니다.

여학생 몇 스푼 넣어?
나 응. 안 넣어.
여학생 크림은?
나 크림도 안 넣어. 고마워.

그녀는 커피에 크림을 조금 넣었습니다. 단것을 좋아하는 나에게 블랙커피가 입에 맞을 리가 없었습니다. 게다가 맛에는 둔감한 편이기도 해서 친구가 장난으로 조니워커 블랙라벨(스카치위스키) 병에 싸구려 국산 위스키를 넣어서 줘도 눈치채지 못하고 "역시, 조니워커 블랙라벨은 맛있어"라며 아는 듯한 표정으로 마셨을 정도니까요.

그녀가 크림을 넣는 모습을 보고 나는 이때다, 하는 심정으로 보란 듯이 말했습니다.

"역시 커피는 블랙이야."

그러자 그녀가 아무렇지도 않게 대답했습니다.

"블랙도 좋지만, 이렇게 크림을 조금만 넣고 섞어서 잠시 놔두는 거야. 그러면 표면에 막이 생겨서 커피의 맛과 향이 부드러워져."

나는 깨끗이 패배를 선언했습니다. 그리고 커피 마시는 방법에 관해서는 뛰는 놈 위에 나는 놈이 있다는 사실도 알았습니다.

※
차이를 아는 남자

커피 에피소드가 길어졌는데, 이 이야기에 말하려는 내용의 본질이 응축되어 있습니다.

좀 오래된 광고라서 젊은 사람들은 잘 모르겠지만, 식품회사 네슬레가 고급 인스턴트커피 '커피 블렌드'의 광고에 저명인사를 모델로 기용하고 '차이를 아는 남자'라는 선전 문구를 내걸었던 적이 있습니다. 이 광고는 아무리 인스턴트커피라도 '저명인사는 질 좋은 커피를 추구한다'는 의미로 인물의 서열과 인스턴트커피의 서열을 나란히 놓고 상품의 매력을 어필했습니다.

우리는 상대가 나보다 탁월하다고 느끼면 자신도 그렇게 되고 싶은 마음에 자극을 받고, 또 반대로 자신에게 탁월한 부분이 있으면 주위에 자랑하고 싶어 합니다. 그런 점에서 네슬

레의 광고 문구는 사람이 지닌 민감한 부분을 적절히 자극하여 구매력을 높이려는 기업 전략이었겠지요.

피에르 부르디외Pierre Bourdieu(1930~2002)는 일상생활 속에서 드러나는 인간의 행동 습관과 문화의 차이에 주목한 프랑스의 사회학자입니다. 그는 돈이나 토지 같은 '경제 자본'과는 다른 지식·교양, 취미, 학력, 자격 등을 '문화 자본' 그리고 인맥과 연줄 같은 인간관계를 '사회관계 자본'이라 부릅니다.

특히 사회 공간에서 문화 자본은 현대 사회를 계층화하는 주요인이라고 부르디외는 설명합니다. 우리는 부모에게 말투나 몸가짐을 배웁니다. 또 학교에서는 지식이나 교양을 습득합니다. 세련된 매너와 고매한 지식, 교양을 몸에 익힌 사람은 몸에 밴 문화 자본으로 경제 자본과는 다른 수준에서 자신의 탁월성을 드러내게 됩니다.

몸에 밴 문화 자본의 한 예로, 초등학교에 입학한 아동이 노트를 잊고 안 가져왔다고 합시다. 그때 선생님께 "선생님, 종이 좀……"이라는 아이도 있고, "선생님, 종이 한 장 주세요"라고 말하는 아이도 있을 것입니다. 혹은 "선생님, 죄송하지만 종이 한 장 주시겠습니까?"라고 정중하게 말하는 아이도 있겠지요. 이렇게 자신도 모르는 사이에 가정에서 몸에 밴 말투가 나옵니다. 언어의 사용법에 의해 그 아이의 문화 자본이 드러나는 사례입니다.

또 명문 대학을 졸업하면 '학력 자본'으로 제도화된 자신의 탁월성을 드러내게 됩니다. 그리고 집에 놓인 가구를 포함한 물품, 책장에 꽂힌 책이나 CD 같은 수집품은 소유자의 교양이 객체화된 물건으로서 드러납니다.

커피 에피소드로 말하자면, 그 여학생은 커피 마시는 방법에서 탁월성을 드러냈습니다. 그로 인해 나는 그녀에 비해 문화 자본량에서 뒤처지는 느낌을 받았습니다. 그 차이가 내 욕망을 자극해서 나도 문화 자본량을 많이 지니고 있는 양 행동하도록 부추겼습니다. 하지만 아무리 탁월한 척 행동하더라도 어차피 내 몸에 밴 방법은 아닙니다. 그러니 그럴듯하지 않습니다. 그런 척하는 연기는 금세 들통나고 본래 자신이 가진 문화 자본량이 적나라하게 보이는, 말 그대로 '밑천'이 드러나는 꼴이 됩니다.

그런 점에서 보면 다자이 오사무가 《사양》에서 묘사한 어머니의 수프 마시는 방법은 높은 경지에 다다른 표현입니다.

수프를 마시는 방법에서도 우리는 접시 위로 고개를 조금 숙여서 스푼을 옆으로 쥐고 수프를 떠서 스푼을 그대로 옆으로 든 채 입으로 옮겨서 먹지만, 어머니는 왼손의 손가락을 가볍게 테이

블 가장자리에 걸치고 상반신을 숙이지도 않으며 고개를 꼿꼿이
든 채 접시를 제대로 보지도 않고 스푼을 옆으로 하여 살짝 떠낸
뒤 마치 제비처럼 날렵하다고 형용해도 좋을 정도로 가볍고 세
련되게 스푼을 입에 직각으로 가져가 스푼의 끝부분에서 수프를
입술 사이로 흘려 넣는다. 그렇게 무심한 듯 여기저기 곁눈질을
하면서 사뿐사뿐 마치 작은 날개처럼 스푼을 다루어 수프를 한
방울도 흘리지 않을 뿐만 아니라 수프 마시는 소리도, 스푼이 접
시에 닿는 소리도 전혀 내지 않는다. 흔히 말하는 정식 예법에 맞
는 방법은 아닐지는 몰라도 내 눈에는 매우 아름답게 비춰서, 그
방법이야말로 진정한 수프 먹는 방법인 듯 보였다. 또 사실 국물
은 고개를 숙여서 스푼의 옆으로 먹는 것보다 느긋하게 상반신
을 세우고 스푼의 끝부분에서 입으로 흘려 넣어 먹으면 신기하
게도 맛있다.　　　　　　　　　　　　　　　　　　　－《사양》

소설에서 어머니의 스푼 다루는 방법에 관한 장면을 읽으
며 나는 프랑스 요리를 처음 먹으러 갔을 때를 떠올렸습니다.
포크와 나이프를 어떻게 다루어야 좋을지 몰라 주위를 두리
번거리며 조심조심 먹었더니 도무지 맛을 음미할 수가 없었
습니다.
　프랑스 요리는 그 당시 나에게는 아주 먼 상류층 사람들의

음식이었고, 식사 예절을 익히지 못했던 나는 어떻게 먹어야 하는지에만 정신이 팔려 음식의 맛과 식탁에서의 대화를 느긋하게 음미할 '여유'가 없었던 것이지요.

상승 지향과 전략

　현재 우리는 자유롭고 평등한 사회에서 살고 있어서 직업도, 결혼도 자유롭게 선택할 수 있습니다. 그렇다고 해도 그것은 어디까지나 기회의 문제이고, 노력 없이 얻을 수 있다는 뜻은 아닙니다. 그렇기에 어떻게든 사회적 지위를 높이려고 노력합니다.

　또 머릿속에 그리던 지위에 올라가지 못한 사람뿐만 아니라 쟁취한 사람도 자녀에게는 자신보다 높은 위치를 물려주려고 노력합니다. 다음 세대에 물려주기 위해 학원이나 가정교사 등의 각종 사교육에 돈을 투자하여 자녀의 학력, 즉 문화자본을 높이는 '육아 전략'을 들 수 있습니다.

　자녀가 고학력이면 좋은 기업에 취직할 수 있고, 의사나 변호사 같은 전문직에 종사함으로써 사회적 지위가 높아진다고 생각하기 때문입니다. 물론 그뿐만이 아닙니다. 명문 대학이나 좋은 직장에 소속되면 자연스럽게 경제 자본이나 문화 자본이 높은 사람과 만나게 됩니다. 그렇게 되면 '백마 탄 왕자'를 만나거나 '남자 신데렐라'가 되는 '결혼 전략'과도 연동됩니다.

가령 당신이 '육아 전략'의 효력으로 명문대에 들어가서 문화 자본도, 경제 자본도 높은 위치에 속한 의사가 된다고 합시다. 하지만 부르디외의 말에 의하면 의사들의 세계 안에서도 각자 다른 문화 자본과 경제 자본을 소유하므로, 의사마다 위치가 다릅니다.

와타나베 가즈히로·다라코프로덕션은 마루킨(金, 부유층을 상징하는 캐릭터, 일명 금수저 – 옮긴이)과 마루비(㊭, 빈곤층을 상징하는 캐릭터, 일명 흙수저 – 옮긴이)라고 분류하면서 그런 현상을 아주 알기 쉽게 그려냈습니다. 와타나베가 사용하는 마루킨과 마루비의 분류를 부르디외의 이론으로 설명하면 문화 자본, 경제 자본, 사회관계 자본을 아울러 자본량을 많이 가진 자가 마루킨, 자본량을 적게 가진 자가 마루비가 됩니다. 이 책에서는 마루킨과 마루비를 비교하면서 의사들의 세계를 설명합니다.

마루비의 경우, 가족 중에는 의사가 없고 아버지는 공무원이나 교사인 경우가 많습니다. 초·중·고를 우수한 성적으로 졸업한 마루비는 의사가 되고 싶었는지 아닌지는 확실하지 않지만 가장 들어가기 어렵다는 이유로 의과대학에 지원합니다. 마루비는 의과대학에 입학하는 사람들은 모두 마루킨과 같이 대학 입학에 성공한 무리라고 생각하지만, 그중에서도 경쟁심을 불태우며 분발하여 사람들을 놀라게 하고 싶다는 일념으로 연구의라는 어려운 길을 선택합니다.

그에 비해 마루킨은 아버지도, 형제도, 할아버지도, 삼촌도, 사촌도 모두 의사인 경우가 많고, 용돈이 넉넉해서 해외여행, 스키, 골프, 테니스를 즐깁니다. 부모가 병원을 물려주고 싶어 하기에 그에 대비하여 수련의로서 적합한 실력을 갖추고, 원만한 인간관계를 맺으며, 의학계에서 적당히 살아남을 수 있는 기반 닦기에 열과 성을 다합니다. 그러니 마루킨은 연구의처럼 귀찮은 길을 가려는 생각은 하지도 않습니다.

이렇게 마루비가 아무리 노력해서 올라가도 그 안에는 또 위계가 있어서, 자본량이 적은 마루비는 그럴 만한 여유가 없으니 인생을 즐길 수가 없습니다. 마루킨은 돈이 남아돌아 행복하기에 항상 생글생글 웃는 모습을 보이니 사람 좋다는 평가를 받습니다. 그래서 사람들에게 사랑을 받아 많은 사람들이 주변에 모여들어서 지위가 한층 단단해집니다.

한편 마루비는 어떻게든 마루킨처럼 되고 싶어서 피부 관리실에도 다니고 자신이 동경해 마지않는 마루킨이 사용하는 물건들을 과다하게 사들이는데, 그로 인해 생활이 어려워져 점점 마루비의 생활에서 헤어날 수 없게 됩니다.

　이렇듯이 자본량이 많은 상류 계층 사람들의 여유 있는 생활 스타일이나 그들이 즐기는 취미 등을 하류 계층 사람이 선망하게 되고, 하류 계층 사람은 그들이 사용하는 물건을 가지려고 분발합니다. 하지만 하류 계층이 그런 것을 추구함으로써 상류 계층의 생활 스타일이나 취미를 비롯한 기호의 가치는 한층 높아지게 됩니다.

　이렇듯 의사들의 세계에서는 그 나름대로 각자가 가진 자본량의 차이가 드러나고 맙니다.

✳

암묵적 생전 증여

내가 초등학생이었을 때였습니다. 어느 날 음악 시간에 선생님이 동급생 중 아버지가 의사였던 다마루에게 피아노 반주를 하라고 지시했습니다. 같은 초등학교에 다녔지만, 다마루의 집에는 피아노가 있었고 배우기도 했습니다. 다마루의 피아노 반주에 맞춰 우리는 노래를 불렀습니다. 나는 다마루가 피아노를 친다는 데 대한 부러움 이상으로 굴욕감을 느꼈습니다. 다마루와 나는 경제적으로도, 문화적으로도 격이 다르게 자본량에서 차이가 났기 때문입니다.

여러분 중에 경험한 사람도 있겠지만, 음악 시험에는 듣기 시험이 있었습니다. '도미솔'이나 '파라도'의 화음이 흐르고 "이 중 어느 것이 그 화음에 해당하나요?" 하는 식의 문제인데 나는 대답할 수가 없었습니다. 물론 차이는 구별할 수 있었습니다. 하지만 어떤 음이 '도미솔'인지, '파라도'인지 몰랐습니다. 또 테스트 용지의 오선지에는 음표가 지워진 소절이 있고 피아노 연주에 맞춰 음표를 그려 넣는 문제도 있었습니다. 나에게 이 문제는 상처가 되었습니다. 음의 고저와 장단은 감각으로 알 수 있지만, 오선지의 어디에 음표를 그려 넣어야 할지, 또 그 음을 4분음표로 표기해야 할지, 8분음표로 표기해야할지 전혀 몰랐습니다. 하지만 피아노를 배우는 다마루라면 쉽게 그려 넣을 수 있었겠지요.

그런 이유로 부르디외의 이론을 처음 접했을 때 지금까지 내 머릿속에서 나도 모르게 뭉쳐 있던 응어리가 속 시원하게 풀렸습니다.

학교에서 가르치는 것은 주로 자본량이 많은 위치에 있는 사람들이 좋아하는 음악이나 그림입니다. 음악 교재에 트로트가 실리진 않습니다. 국어도 중류 계층 이상의 사람들이 사용하는 언어를 기준으로 가르칩니다. 노트를 안 가져온 학생의 예로 돌아가, "선생님, 종이 한 장 주세요"라고 말하는 어린이를 선생님은 올바른 국어를 사용하는 학생이라고 생각합니다. 반면에 "선생님, 종이 좀……"이라고 말하는 학생은 선생님의 평가도 좋지 않을뿐더러 배워서 넘어야 할 고개가 험난합니다.

경제력이나 문화 자본력에 의한 사회적 위치에는 그 위치에 어울리는 취미나 라이프 스타일이 있기 마련입니다. 하지만 교육에서 취급하는 내용은 자본량이 많은 사람들에게는 친근하고 익숙한 문화입니다. 즉, 자본량이 많은 사람들이 애호하는 문화가 정통한 문화라고 학교에서 가르칩니다.

이러한 이유로 부모에게 '암묵적 생전 증여'를 받은 자본량이 많은 자녀는 친근하고 익숙한 내용이 시험에서 출제되니 우수한 성적을 거두게 됩니다. 이렇듯 교육의 개입으로 세대를 초월하여 사회적 위치를 재생산하게 된다는 문제점에 대해서도 부르디외는 날카롭게 지적합니다.

 읽을거리

《구별짓기》, 피에르 부르디외, 새물결, 2005.
《사양》, 다자이 오사무, 창비, 2015.
《차이와 욕망—부르디외의 구별짓기를 읽다差異と欲望》, 이시이 요지로石井洋二郎
《긴곤칸金魂巻》, 와타나베 가즈히로·다라코프로덕션

8장
나를 위한 것이 아닌 보여주기 위한

영화로 배우는 사회학 _____

내가 초등학교 시절에 살았던 집은 옛 시가지의 번화가에 있어서 집에서 나와 길을 건너면 바로 영화관이 있었습니다. 광고 효과를 기대하고 그랬는지는 모르지만, 그 무렵에는 영화관에서 상영 중인 영화의 음성을 외부로 흘려보냈습니다. 음향 소리로 근처 주민에게 민폐를 끼치는 데 보답하려는 의도도 있었겠지요. 영화관을 운영하는 아주머니는 영화를 좋아하는 나를 가끔은 공짜로 들여보내주기도 했습니다.

영화사의 배급에는 제약이 없었는지 도에, 쇼치쿠, 닛카쓰 등이 제작한 다양한 영화를 상영했습니다. 저학년 때는 일본 최초의 히어로 〈월광가면月光仮面〉에 열광했는데, 중학생이 되어서는 동급생들보다 조숙했던 나는 고바야시 아키라小林旭 주연의 로맨스가 가미된 액션 영화에 흥미를 느꼈습니다. 그 당시의 나는 학교에서 돌아오면 책가방을 던져놓고 매일같이 영화관을 들락거렸습니다.

이런 추억담을 굳이 피력하지 않아도, 영화는 사람들을 매료시키는 힘과 발신력의 측면에서 출중한 미디어입니다. 이 장에서는 한 편의 영화를 사회학적으로 분석함으로써 사회학적 지식을 음미해볼까 합니다.

※

⟨캐치 미 이프 유 캔⟩

내가 아주 유쾌하고 재미있게 본 영화 중 하나로 스티븐 스필버그 감독이 만든 영화 ⟨캐치 미 이프 유 캔Catch me if you can⟩ (2003)이 있습니다. 실존 인물을 바탕으로 제작된 이 영화를 보면 미국이 얼마나 배짱 두둑한 나라인지 실감할 수 있기도 합니다.

무대는 1960년대 미국입니다. 아버지의 사업 실패로 부모가 이혼하고 17세의 나이로 가출한 프랭크가 팬암항공사의 파일럿, 소아과 의사, 법무부 장관 보좌를 사칭하면서 미국 50개 주, 세계 26개국에서 400만 달러의 위조 수표를 현금화한다는 이야기입니다. 스필버그 감독은 이 이야기를 경쾌하고 아슬아슬하며 박진감 넘치는 영화로 만들어 관객을 사로잡습니다.

특히 레오나르도 디카프리오가 연기하는 프랭크 애버그네일 주니어를 호송 중이던 TWA 항공기가 활주로에 착륙할 때, 바퀴 사이로 프랭크가 빠져나와 탈주하는 장면이 인상적이었습니다.

때는 1963년, 프랭크의 아버지 애버그네일이 로터리클럽 회장이자 친구인 번즈의 사회로 클럽의 영구 회원 임명을 기념하는 축하연을 벌입니다. 아버지의 연설이 시작될 때까지 프랭크는 테이블에 놓여 있는 와인 라벨에 집착하여 축하연에는 관심도 없습니다.

"생쥐 두 마리가 크림통에 빠졌습니다. 한 마리는 금방 포기하여 익사했습니다. 다른 한 마리는…… 포기하지 않았습니다. 생쥐가 몹시 격렬하게 몸부림쳤기에 크림은 결국 버터로 변해서…… 생쥐는 기어 나올 수 있었습니다."

아버지가 연설을 시작하자 프랭크는 지금까지와는 전혀 다른 태도를 보입니다. 아버지의 연설에 감동을 받은 프랭크는 누구보다도 힘차게 박수를 보냅니다.

그런데 행복하던 애버그네일 집에 우환이 닥칩니다. 아버지가 경영하는 문구점이 국세청의 탈세 조사를 받고 운영에 어려움을 겪으면서 아버지는 궁지에 몰립니다. 은행에서 융자를 받기 위해 아버지는 프랭크에게 검은 슈트를 빌려 입히고 운전기사로 꾸며 은행으로 향합니다. 그때의 둘이 나눈 대화가 다음과 같습니다.

프랭크 아버지, 뭐 때문에 이러는 거죠?
아버지 너는 왜 양키스가 항상 이기는지 아니?
프랭크 그야 미키 맨틀이 있으니까요.
아버지 아니야, 상대 팀이 양키스의 핀스트라이프 유니폼을 보고
꼼짝달싹 못 하기 때문이야.　　　　　　　　－영화 〈캐치 미 이프 유 캔〉

은행 지배인이 정중히 모시긴 했지만, 국세청과 문제가 있었다는 사실이 폭로되자 아버지는 융자를 받지 못합니다. 애버그네일 일가는 고급 주택도, 캐딜락도 잃고 어쩔 수 없이 서민 아파트에서 생활합니다. 그리고 연이어 부모님이 이혼하는 등 끝이 보이지 않는 추락의 길을 걷게 됩니다.

부모님이 이혼한 후, 프랭크는 가출해서 돈도 없이 곤궁한 생활을 하던 차에 우연히 호텔 정문에 택시가 멈추고 그 안에서 파일럿과 스튜어디스가 멋지게 내리는 광경을 목격합니다. 길을 걷던 사람들도 그들을 선망에 가득 찬 눈길로 바라봅니다. 프랭크는 빨려들어가듯이 그들을 따라 호텔로 들어갑니다. 파일럿은 어린아이에게 사인을 해주기도 하고 호텔 직

원에게도 깍듯하게 대접을 받습니다.

그 모습을 보고 프랭크는 팬암항공사의 유니폼을 손에 넣을 묘안을 짜내고, 파일럿 행세를 합니다. 파일럿 행세를 하니 위조한 수표도 의심받지 않고 현금화할 수 있었고, 맘에 드는 여자도 차지할 수 있게 됩니다.

이렇게 해서 프랭크는 위조 수표로 풍요로운 생활을 누리게 됩니다. 파일럿에서 의사, 검사 행세를 하는 프랭크와 그의 뒤를 쫓는 FBI 조사관 칼과의 스토리는 위기일발의 연속으로 손에 땀을 쥐게 합니다.

결국 칼에게 체포되어 미국 교도소에 들어가지만, 칼은 자처해서 프랭크의 신병 인수자가 됩니다. 프랭크는 교도소에서 출소하여 위조 수표에 관한 범죄 조사를 담당하는 FBI 금융범죄과 직원으로 일하게 됩니다.

상징적 상호작용론

　사람에 따라 눈에 담는 세계는 다릅니다. 경찰차를 보고는 "와, 경찰이 타고 있어"라며 호의적으로 가족에게 전하는 아이도 있는 반면, "경찰이다! 경찰!"이라며 자신의 생활을 위협하는 무서운 존재처럼 말하는 아이도 있습니다. 후자의 경우에는 아버지가 범죄를 저질렀다고 하더라도 그 아이에게는 소중한 부모이기 때문에 경찰을 악한 존재로 여기게 됩니다.

　이렇게 사람에 따라 다른 의미를 가진 세계를 허버트 블루머Herbert Blumer(1900~1987)는 다음과 같이 논합니다.

　동일한 대상이라도 사람마다 각기 다른 의미를 지닐 수 있다. 한 그루의 나무는 식물학자, 목재상, 시인, 가정 원예사에게 각각 다른 대상일 것이다. 미국 대통령은 그가 소속한 정당을 지지하는 사람들과 그와 대립하고 있는 정당을 지지하는 사람들에게 완전히 다른 대상일 수 있다. 　　　　　-《사회과학의 상징적 교섭론》

즉, 한 개인이 생각하는 대상의 의미는 그 개인과 상호작용하는 타자와의 관계 속에서 어떻게 정의되는지에 따라 부여됩니다. 여기서 블루머는 인간이 모든 사물에 '의미'나 '상징'을 부여하고 그 해석에 따라 행동하고 있다는 점에 착안하여 인간과 사회와의 관계를 파악하기 위해 '상징적 상호작용론'을 제시합니다.

〈캐치 미 이프 유 캔〉을 '상징적 상호작용론'에 따라 분석해봄으로써 이야기와는 별도로 〈캐치 미 이프 유 캔〉이 품고 있는 메시지를 파악해봅시다.

프랭크는 은행이라는 곳이 운전기사가 딸린 차를 타고 정문 앞까지 오는 손님을 중요한 고객으로 취급한다는 사실을 아버지를 통해 배웁니다. 이는 행동이나 움직임을 통해 사람들이 의미를 부여하는 것이기도 합니다.

또 어머니는 아버지를 열렬하게 사랑했지만 아버지의 사업 실패로 인해 '좋은 집', '모피 코트', '캐딜락'을 잃음으로써 아버지에 대한 애정이 식어버렸다고 프랭크는 생각합니다. 물질적인 지표를 잃으면 애정도 잃는다고 해석하게 됩니다.

맨 처음 그가 사기 행각을 벌인 직업은 교사입니다. 사립학교에 다니던 프랭크는 다니던 학교 교복을 입은 채로 공립학교로 전학 갑니다. 전학 간 학교의 학생 중 한 명이 낯선 옷차림을 한 프랭크를 일부러 밀치고 지나갑니다. 하지만 그때 학생들 중 누군가가 프랭크의 옷차림을 보고 '외판원'이나 '임시 교사' 같다고 수군거립니다. 거기서 프랭크는 그들의 말을 역으로 이용해 감쪽같이 임시 교사 행세를 합니다.

이것은 양키스가 강한 이유는 강한 선수가 있어서가 아니라 "상대 팀이 양키스의 핀스트라이프 유니폼에 꼼짝달싹 못하기 때문"이라는 아버지의 말과 연결됩니다. 그렇기에 파일럿 제복만 입는다면 사람들의 선망 어린 눈길을 받게 될 것이라고 생각합니다. 즉, 사람들은 파일럿 제복에 상류 계층이라는 의미를 부여하고 그렇게 해석하기 때문입니다.

프랭크는 사람들의 이런 해석을 이용하여 행동합니다. 팬 암항공사의 제복을 입고 은행에 가면 위조 수표도 전혀 의심하지 않고 현금화해줍니다. 또 진짜 파일럿이라 생각하고는 여자들이 접근해 오기도 합니다. 모델인 셰릴도 영화 〈007〉의 제임스 본드가 타는 스포츠카를 몰고 다니며 고급 호텔에 숙박하는 프랭크에게 접근합니다.

그런 이유로 프랭크는 '새로 출시된 캐딜락'과 '6만 달러짜리 집'으로 집 나간 어머니를 다시 데려오라고 아버지를 설득하기도 합니다. 프랭크는 아버지가 잃어버린 애정을 상징하는 물건만 원위치시키면 원래의 행복한 가족으로 돌아갈 수 있다고 생각합니다.

이렇게 우리는 사람들과의 상호작용을 통해 사물에 부여하는 '상징'이나 '의미'를 해석합니다. 프랭크의 예에서는 사물의 의미를 부모와의 상호작용에서 이끌어내 그것을 가공하여 수정하면서 행동한 모습이 위조 수표 사기꾼으로 드러난 것입니다.

세상은 보여주기 위한 곳

　영화 〈캐치 미 이프 유 캔〉은 프랭크 특유의 의미 해석이 흥미로울 뿐만 아니라 현대사회의 일그러진 부분을 짚어주기도 합니다.

　바로 신용 경제가 침투한 사회의 문제입니다. 예를 들어 지금은 운전면허를 땄어도 면허증을 소지하고 있지 않으면 경찰에게 잡혔을 때 운전할 수 있는 인물인지 아닌지 증명할 방법이 없습니다. 대학에서 시험을 볼 때도 학생증이 없으면 그 대학의 학생이라도 증명서가 없다는 이유로 시험을 볼 수 없습니다. 어떤 면에서는 불합리하다고 생각하지 않나요?

　프랭크는 파일럿이나 의사로 행세하고 위조 수표 사기 행각을 벌이면서 전 세계를 속이며 살아갑니다. 그러면서도 그것이 통용되는 세계에 살고 있는 프랭크에게 현실은 허구의 세계로 보입니다. 자신의 능력뿐만 아니라 나라는 존재의 증명은 제복이라는 상징에 있는 것입니다.

'세상은 보여주기 위한 곳'이라고 논하는 장 보드리야르Jean Baudrillard(1929~2007)는 '물건'의 기능이나 효용 때문에, 또는 사용하기 위해서 '물건'을 소비한다는 생각에 이의를 제기합니다. '물건'은 사회적 지위 등을 과시하기 위해, 혹은 자기다움이나 행복, 아름다운 분위기를 만끽하기 위해 기호적으로 소비하는 것이라고 보드리야르는 말합니다.

루이뷔통 가방을 예로 들면 이렇게 설명할 수 있습니다. 루이뷔통 가방은 품질이나 기능도 우수하지만, 그보다도 루이뷔통 가방을 소유한다는 점에 만족하거나 이를 과시하기 위해 루이뷔통이라는 기호를 소비한다는 말입니다.

경쾌한 느낌으로 관람객의 마음을 사로잡은 작품 〈캐치 미이프 유 캔〉은 이렇게 현대사회의 문제점을 던져주고 생각할 거리도 주는 영화입니다.

 읽을거리

《캐치 미 이프 유 캔》, 프랭크 에비그네일, 문예출판사, 2012.
《사회과학의 상징적 교섭론》, 허버트 블루머, 까치, 1982.
《소비의 사회》, 장 보드리야르, 문예출판사, 1999.

9장

욕망의 삼각형을 오르다

문학으로 배우는 사회학 _____

연애를 한다는 건 즐거운 일입니다. 하지만 한편으로는 가슴이 조여드는 듯한 괴로움을 맛보기도 합니다. 연애는 동전의 양면과 같이 즐거움과 괴로움을 겸비하고 있습니다. 그렇기에 매력적이기도 하고 끌리는 건지도 모릅니다.

내가 스탕달의 《적과 흑》을 접한 시기는 연애의 고뇌를 조금은 맛본 대학 2학년 가을이었습니다. 멀어져가는 사랑을 되돌리려는 쥘리앵의 책략에 이끌려 책에 빨려들기라도 하듯이 단숨에 읽었습니다.

이 장에서는 《적과 흑》이라는 문학작품을 지금까지와 같이 사회학의 세계를 안내하기 위해 도입한 소재가 아니라, 《적과 흑》이라는 문학작품이 사회학의 지평을 넓히고 사회학적 사고를 정교하고 치밀하게 만드는 중요한 발신원이라는 사실을 소개하려 합니다. 그럼으로써 문학이 사회학을 풍요롭게 하는 동시에 사회학이 문학작품에 새로운 해석을 부여하는 즐거움을 여러분과 함께 맛보고 싶습니다.

✳ 《적과 흑》

《적과 흑》은 1830년에 출간되었습니다. 제목의 '적'은 당시 프랑스 군복의 색을 나타내고 '흑'은 수도복의 색을 가리킵니다. 야심가인 주인공 쥘리앵 소렐이 꿈꾸는 신분 상승을 상징하는 색으로, 출신과 관계없이 36세의 나이로 장군이 될 수도 있는 붉은 군복을 입는 군인이 되거나 검은색 옷을 입는 성직자가 되어 상류 계층으로 진입하려는 쥘리앵의 야망을 나타낸 제목입니다.

무대는 나폴레옹이 실각하고 왕정복고 시대가 된 프랑스입니다. 스위스 국경 근처, 프랑슈 콩테 지방에 위치한 소도시 베리에르의 목재상 아들 쥘리앵은 수려한 외모에 재기 넘치는 19세 청년입니다. 쥘리앵은 나폴레옹을 숭배합니다. 하지만 왕정복고 시대에는 그러한 사실이 알려지면 요주의 인물로 취급당하니, 겉으로는 존경한다는 사실을 숨깁니다. 그리고 '사람에게 태생이나 계급이 중요한 것은 아니다. 나폴레옹이 귀부인 조세핀을 차지하고 신분이 달라졌듯이, 나도……' 라며 쥘리앵은 야심을 불태웁니다.

쥘리앵은 마을의 유력자에게 재능을 인정받아 가정교사로 맞이하고 싶다는 제안을 받습니다. 한 사람은 레날 시장이고, 다른 한 사람은 발르노 씨입니다. 두 사람은 정적政敵이기도 한 동시에 레날 부인을 둘러싼 연적戀敵이기도 합니다.

쥘리앵은 레날 시장 집 가정교사가 되는데, 그곳에서 정숙한 레날 부인을 만납니다. 그녀는 서른 살로 세 명의 자녀를 뒀습니다. 하지만 스무 살 정도로밖에 보이지 않는 아름다운 외모의 여성입니다. 어느 날, 아침 식사에 늦은 쥘리앵은 레날 시장에게 "역시 출신은 못 속여"라는 핀잔과 함께 예의가 없다는 지적을 받습니다. 출신에 대한 상류 계급의 차별 의식에 분노하여 그 반발심으로 레날 부인을 유혹합니다.

동기는 순수하지 않았지만, 쥘리앵은 레날 부인을 깊이 사랑하게 됩니다. 그런데 그러는 사이에 두 사람에 관한 소문이 퍼져 쥘리앵은 셸랑 사제의 도움으로 마을을 떠나 신학대학교에 들어가게 됩니다.

그리고 신학대학교 교장의 추천으로 쥘리앵은 파리의 귀족라 몰 후작의 비서가 됩니다. 그리고 파리 사교계 으뜸가는 미인인 후작의 딸 마틸드를 만납니다. 쥘리앵은 자신과는 다른 세계 사람이라 생각하여 마틸드와 사랑에 빠지게 되리라고는 꿈에도 생각지 않습니다. 하지만 쥘리앵의 그런 점이 마틸드에게 접근해 오는 여느 남자들과는 달라서 오히려 쥘리앵에게 매력을 느낍니다. 마틸드가 사랑을 고백하는 편지를 보내자, 쥘리앵은 '무슨 꿍꿍이라도 있지 않을까' 하고 의심하면서도 그녀가 말한 대로 한밤중에 그녀의 방으로 숨어듭니다. 마틸드와 하룻밤을 함께 보낸 후 쥘리앵이 환희를 맛본 것도 잠시, 항상 사랑을 받기만 하며 살아온 자존심 강한 마틸드는 자신을 지배하려는 쥘리앵의 태도에 어이없어합니다.

"당신은 나를 지배할 권리라도 손에 넣었다고 생각하시나요?"

마틸드는 쥘리앵을 비난합니다.

천국을 맛보던 쥘리앵은 하룻밤에 지옥으로 밀려 떨어진 듯한 꼴이 됩니다. 마틸드의 냉담한 태도에 쥘리앵은 자포자기의 심정이 됩니다. 그때 호색한으로 악명 높은 러시아 귀족 코라소프 공작이 나타납니다. 그는 쥘리앵의 고민을 듣고는 "아직 연애를 잘 모르는군요"라며 웃음을 터뜨립니다. 그리고 애정이 식은 연인의 마음에 불을 지피는 기술을 한 수 알려줌니다.

그 방법 중 하나가 '주변인에게 접근하라'입니다. 쥘리앵이 원하는 여성은 마틸드이기에 다른 여성에게 접근한다는 것은 불가능한 일이었습니다. 그래도 쥘리앵은 어떻게 해서든 마틸드의 마음을 얻기 위해 마음을 굳게 먹고 마틸드의 친구인 페르바크 부인에게 접근합니다. 그런데 코라소프에게 전수받은 책략이 효과를 보이기 시작합니다. 페르바크 부인에게 쥘리앵이 연애편지를 보냈다는 이야기를 들은 마틸드는 어찌할 줄 몰라 합니다.

"나는 참을 수가 없어요."
마틸드는 편지를 움켜쥐며 소리쳤다.
"당신은 나를 완전히 잊었군요. 나는 당신의 아내예요. 당신은 너무 끔찍한 행동을 했어요."　　　　　　　　　　　　　　　－《적과 흑》

마틸드의 이런 태도에 쥘리앵은 말할 수 없는 희열을 느낍니다. 그뿐만이 아닙니다. 마틸드는 자존심 따위는 내팽개치고 쥘리앵에게 사랑을 갈구합니다.

"용서해줘요. 나를 경멸하려면 얼마든지 경멸해도 좋아요. 하지만 나를 사랑해줘요. 나는 이제 당신의 사랑 없이는 살아갈 수가 없어요."   –《적과 흑》

애정이 식어버린 마틸드의 마음에 또 한 번 사랑의 불을 지피려 코라소프의 책략에 따른 쥘리앵은 결국 마틸드를 다시 차지합니다. 하지만 작품은 이대로 순순히 '끝'으로 향하지 않습니다. 홍미진진하게 전개되는 뒷내용을 꼭 읽어보시기 바랍니다.

욕망의 삼각형

르네 지라르Rene Girard(1923~2015)는 《낭만적 거짓과 소설적 진실》에서 스탕달의 《적과 흑》을 예로 들어 '욕망의 삼각형' 이론을 설명합니다.

지금까지는 어떤 대상을 원하는 욕망은 주체에 의한 자발적이고 직선적인 감정이라고 여겨왔습니다. 하지만 지라르의 이론에 의하면 물이 마시고 싶다는 등의 본능적인 욕구는 자발적이고 직선적으로 생겨나지만, 재산, 명예, 권력 같은 인간의 욕망은 주체적이고 개성적으로 생겨나지 않는다고 합니다.

예를 들면 축구화에 대한 욕망도 어떤 축구화가 갖고 싶은지 대상을 선택해야만 합니다. 지라르는 인간의 욕망 메커니즘을 욕망하는 '주체Subject'와 선택하는 '대상Object' 그리고 모델이 되는 '중개자Model'가 이루는 삼각형 구도로 설명합니다.

주체가 특정 브랜드의 ○○축구화를 갖고 싶어 한다고 합시다. 지금까지는 주체가 그 대상을 낭만적이고 자발적으로 원했다고 생각했습니다. 그런데 잘 생각해보면 아무런 지식과 정보도 없이 특정 축구화를 선택할 리는 없습니다. ○○축구화에 대한 욕망은 자신이 좋아하는 베컴 선수가 신은 축구화이기 때문에 생겨났을지도 모르는 일입니다.

그렇다면 나(주체=S)는 베컴 선수(중개자=M)가 신은 ○○축구화(대상=O)에 대한 욕망을 품게 되었다는 말이 됩니다. 다시 말하면, 나(S)는 베컴 선수(M)를 매개로 하여 ○○축구화(O)에 대한 욕망을 품게 된 것입니다. 즉, 지라르의 '욕망의 삼각형' 이론은 삼각형의 메커니즘에 의해 욕망이 생겨난다는 의미입니다.

지라르의 '욕망의 삼각형' 이론에 따라《적과 흑》에 담긴 욕망을 분석해보도록 합시다. 지라르는 먼저 레날 시장이 아들의 가정교사로 쥘리앵을 들이고 싶어 하는 장면을 골라냅니다.

이 바람은 자식에 대한 염려도 아니고 지식을 향한 애정에서 기인한 것도 아니다. 그의 욕망은 자발적인 것이 아니다. 부부가 나누는 대화가 바로 우리에게 그 욕망의 메커니즘을 분석해준다.

"발르노 녀석, 아직 아이들의 가정교사는 두지 못했거든."

"그 사람이 정말 우리 가정교사를 뺏어 갈 수도 있겠네요."

−《낭만적 거짓과 소설적 진실》

레날 시장에게 발르노는 항상 자신 앞을 막는 경쟁자와 같은 존재입니다. 그러니 발르노 집의 가정교사로 쥘리앵이 들어가지나 않을까 하는 생각에 쥘리앵에 대한 레날 시장의 욕망은 증대됩니다.

그리고 내가 가장 이끌렸던 대목인 마틸드의 사랑을 다시 불태운 코라소프의 책략에 대해서는 다음과 같이 논합니다.

댄디 코라소프의 충고에 따라 쥘리앵은 아버지가 한 행동과 똑같은 종류의 간사한 계략을 꾸민다. 그는 페르바크 부인에게 접근한다. 그녀의 욕망을 부추기고 그것을 마틸드에게 보란 듯이 구경시켜 마틸드가 모방하도록 암시하고자 한다. 몇 방울 안 되는 물이라도 펌프의 마중물로는 충분하다. 얼마 남지 않은 욕망도 허영 덩어리를 욕망의 불꽃으로 바꾸기에는 충분하다.

−《낭만적 거짓과 소설적 진실》

코라소프의 가르침에 따른 쥘리앵의 계교가 성공을 거둔

것도 '욕망의 삼각형'이 기능했기 때문입니다. 단, 쥘리앵은 '욕망의 삼각형'을 한층 발전시킵니다. 그것은 주체와 매개와의 거리에 따라 '외적 매개'와 '내적 매개'로 나누어 도출하는 이론입니다. (《낭만적 거짓과 소설적 진실》에서는 '외면적 간접화'와 '내면적 간접화'로 번역되어 있지만, '외적 매개'와 '내적 매개'가 일반적으로 많이 쓰이는 용어이고 뒤에 이어지는 내용에서도 의미전달이 더 잘 되므로 이 책에서는 '외적 매개'와 '내적 매개'로 표기했다 - 옮긴이)

예를 들면 돈키호테는 고명한 기사 아마디스 가울라를 이상으로 삼고 궁극적인 기사도를 추구합니다. 하지만 매개가되는 기사 아마디스는 이미 과거의 인물로, 돈키호테와 같은 생활권에 없습니다.

쥘리앵이 이상적인 인물로 삼은 나폴레옹도 마찬가지입니다. 쥘리앵은 매개가 되는 나폴레옹을 모방하여 사회적 계급상승을 꿈꾸지만, 나폴레옹은 이미 존재하지 않습니다. 이렇듯 '욕망의 삼각형'에서 선망의 대상인 중개자와 주체가 같은 생활권에 없고 분단된 경우를 지라르는 '외적 매개'라고 부릅니다. 그에 비해 레날 시장에게 발르노, 마틸드에게 페르바크부인이라는 매개는 사회적 위치에서도 동일 생활권 내이고 가까운 위치에 있으므로 '내적 매개'라고 부릅니다.

‘외적 매개’에 의해 발생하는 욕망의 경우, 욕망의 대상을 둘러싸고 주체가 선망하는 매개자가 주체를 방해할 일은 없습니다. 하지만 ‘내적 매개’는 주체와 거리가 가깝고 동일 생활권에 있습니다. 게다가 원하는 대상에게 희소성이 있을 경우 중개자는 단순한 선망이 아닌 질투를 불러일으키는 경쟁자로 돌변합니다. 즉, 중개자는 주체의 욕망을 막는 경쟁자(장애물)가 되어 주체를 가로막는 존재가 됩니다. 이것이 ‘욕망의 삼각형’을 더 정밀하게 체계화한 ‘중개자=경쟁자 이론’입니다.

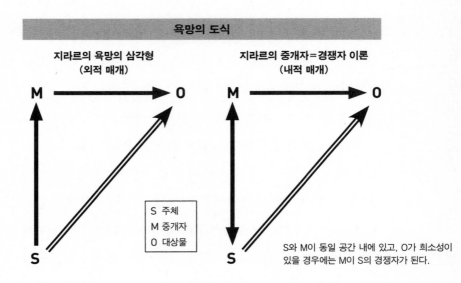

욕망의 도식

지라르의 욕망의 삼각형
(외적 매개)

지라르의 중개자=경쟁자 이론
(내적 매개)

M ──────────→ O

M ──────────→ O

S 주체
M 중개자
O 대상물

S

S

S와 M이 동일 공간 내에 있고, O가 희소성이 있을 경우에는 M이 S의 경쟁자가 된다.

✳

중개자=경쟁자 이론으로
읽는《마음》

    사회학자 사쿠타 게이치作田啓—는 지라르의 중개자=경쟁자 이론을 바탕으로 일본 소설에 그려진 삼각관계를 논합니다. 사쿠타 교수가 예로 든 나쓰메 소세키夏目漱石의《마음》을 자세히 살펴봅시다.

《마음》

    사쿠다 교수의 논의로 들어가기 전에 나쓰메 소세키가 1914년에 쓴《마음》의 내용을 머릿속에 그려봅시다.

    주인공은 가마쿠라鎌倉에서 선생과 만나 친밀하게 교류합니다. 부인(시즈)과 단둘이 생활하는 선생에게 주인공은 많은 것을 배웁니다. 하지만 선생에게는 비밀이 있습니다. 누군가의 기일이 되면 잊지 않고 성묘를 가는 것입니다.

주인공의 아버지가 쓰러져 고향집에 돌아가 있을 때, 선생에게서 두툼한 편지가 도착합니다. 편지는 선생의 유서였습니다. 그로 인해 주인공은 선생의 과거를 알게 됩니다.

선생은 스무 살이 되기 전에 부모님을 여읩니다. 선생의 부모님은 꽤 많은 재산을 남겼지만 숙부 부부가 대신 재산을 관리할 테니 걱정하지 말고 학문에 힘쓰라고 격려해줘서 선생은 도쿄로 옵니다.

그런데 숙부는 하던 사업이 잘 안 되자 선생의 재산에 손을 댑니다. 선생은 남은 재산을 처분하고 청일전쟁에서 전사한 군인의 과부 집에서 하숙을 합니다. 그곳에는 외동딸(시즈)과 하녀가 있습니다. 선생은 주인집 딸에게 특별한 감정을 품습니다. 그렇다고 해도 이성 친구라는 범주에서 느끼는 감정인지, 사랑하는 마음이 싹텄는지는 확실하지 않은 상황이었습니다.

그러던 중에 선생은 부모와 연을 끊어 의탁할 곳이 없어진 대학 친구 K를 자신이 하숙하는 집으로 데리고 옵니다. K는 선생 이상으로 재기가 넘치는 존재입니다. 어느 날 K의 방에서 주인집 딸과 K가 단둘이 이야기를 나누는 장면을 목격합니다. 또 길에서 우연히 마주친 K의 뒤에 주인집 딸이 있다는 사실을 알고 난 후, 주인집 딸에 대한 선생의 연정이 한층 고

조됩니다. 그런데 선생의 주인집 딸을 향한 연모의 마음이 명확해지는 가운데, K가 먼저 주인집 딸을 사랑한다고 선생에게 털어놓습니다.

선생은 고백하는 K에게 자신의 마음을 털어놓지 못합니다. 그 대신 K보다 한발 앞서 미망인에게 딸을 달라고 간청합니다. 친구를 배신한 자신을 책망하던 선생은 그 사실을 K에게 털어놓으려 합니다. 하지만 그날 밤 K는 선생의 옆방에서 자살합니다.

그때 선생은 K의 유서를 발견합니다. 주인집 딸과의 일이 편지에 쓰였다면 사람들이 자신을 경멸할 것이라는 생각에 유서를 꺼내 읽습니다. 하지만 선생 앞으로 된 유서에는 주인집 딸과의 일은 한 마디 언급도 없이 그저 신세를 진 데 대한 감사 인사만이 적혀 있습니다.

그 후 선생은 주인집 딸과 결혼합니다. 하지만 K의 기일에 성묘하는 것만으로는 마음의 평안을 찾지 못해 선생은 계속 K를 마음에 둡니다. 그리고 선생도 자살합니다.

사쿠타 교수가 분석하는 《마음》

사쿠타 게이치는 지라르의 중개자=경쟁자 이론에 따라 《마음》을 분석합니다.

선생이 K의 뛰어난 지적 능력을 높이 평가하고 있다는 점으로 보아, K는 선생에게는 친구이자 선망의 대상인 중개자이기도 했습니다. 그런 가운데 K가 주인집 딸과 사이좋게 지내는 모습을 본 데다가 K가 주인집 딸을 사랑한다고 고백함으로 인해 생겨난 선생의 마음을 다음과 같이 설명합니다.

주인집 딸에 대한 '선생'의 독점욕은 K가 경쟁자로 나타났기 때문에 불타올랐다. '선생'은 내적 매개자인 K의 주인집 딸에 대한 욕망을 모방한 것이다.　　　　　　　　　　－《개인주의의 운명個人主義の運命》

하지만 단순한 경쟁심으로 주인집 딸에 대한 열정이 고조된 것은 아니라며, 또 다른 선생의 정신적 측면을 지적하기도 합니다.

내가 분석하기로 '선생'은 설령 주인집 딸이 책략의 희생양이 되긴 했지만 충분히 결혼할 만한 가치가 있는 여성이라는 사실을 존경하는 K에게 인정받고 싶었다. 그리고 동시에 그러한 여성을 아내로 삼아서 K에게 자랑하고 싶었다.　　　　　　　－《개인주의의 운명》

선생은 부모에게 물려받은 재산과 처세술이라고 할 만한 삶의 지혜로 K를 제치고 주인집 딸을 차지합니다. 이 책략은 선생이 숙부에게 당했던 비열한 행위와 일맥상통하는 것이고, 그렇기에 자신의 행동에 죄책감을 느낄 수밖에 없었다고 사쿠타 교수는 말합니다.

그리고 자살한 K의 유서에 선생의 행동에 대해 원망은커녕 아무런 언급이 없었기에 선생은 괴로워하게 되었다고 말합니다.

그리고 책략에 걸려들었지만 원망도 하지 않고 깨끗이 생을 단념함으로써 사랑의 순수함을 증명하려 한 패자 K의 행동과 마주하면서 '선생'이 K에 대해 느낀 일시적인 우월감은 그 자리에서 산산조각났다. K는 이번에도 '선생'을 한발 앞선 것이다.

하지만 '선생'이 결혼한 후 수도승과도 같은 쓸쓸한 생활을 보내는 이유를 K에 대한 죄책감이라고 설명하기는 어렵다. '선생'이 주인집 딸을 독점하고자 한 정열은 K가 경쟁자로 나타났기 때문에 불타올랐다. '선생'은 내적 매개자인 K의 주인집 딸에 대한 욕망을 모방했다. 이 내적 매개자가 사라지면 '선생'의 정열이 조용히 가라앉는 것은 당연한 이치다. 그런 이유로 '선생'의 결혼 생활은 미래를 향한 희망으로 구축되었다기보다 과거 행위 때문에

생긴 빚을 갚기 위한 것이었다. 　　　　　　　-《개인주의의 운명》

　이렇게 사쿠타 교수는 《마음》을 분석했습니다.

　지라르는 '욕망의 삼각형' 이론의 시스템이 작동함으로 인해 발생하는 '인간관계에서 나타나는 뭔지 모를 미심쩍은 문제'가 인간에게는 가장 큰 관심사임에도 불구하고 지금까지의 사회과학에서는 정면으로 거론되지 않았다고 말합니다.

　그리고 사회과학에서는 개인의 욕망은 직선적인 것, 즉 낭만적인 것으로 단순하게 파악해온 데 반해, 세르반테스, 스탕달, 플로베르, 프루스트, 도스토옙스키 등의 작가가 쓴 근대문학 소설에서는 삼각관계의 영역을 깊이 파고들었다고 말합니다. 이런 점에서 지라르는 소설이야말로 인간관계의 진실을 파악하고 있다는 의미에서, 욕망의 현상학에 관한 자신의 저서에 《낭만적 거짓과 소설적 진실》이라는 제목을 붙였습니다.

　우리가 생활하는 세계로 시선을 돌려 지라르의 이론이 시사하는 바를 곰곰이 생각해봅시다.

　연애하면서 삼각관계로 고민하는 사람도 있습니다. 직장에서는 지위를 둘러싸고 경쟁하고, 스포츠에서는 주전 자리를 놓고 싸우는 등 단순한 갈등으로 그치지 않고 피비린내 나는 사건으로까지 발전하는 사례도 있습니다.

이렇듯 문학에서 끌어낸 중개자=경쟁자 이론은 우리 주위에서 발생하는 문제를 밝히는 열쇠가 되기도 합니다.

 읽을거리

《남자여서 곤란한 일男であることの困難》, 고야노 아쓰시小谷野敦
《낭만적 거짓과 소설적 진실》, 르네 지라르, 한길사, 2001.
《개인주의의 운명個人主義の運命》, 사쿠타 게이치
《적과 흑》, 스탕달, 문학동네, 2013.

10장
과학은 행복한가?

과학의 진보와 행복 _____

레오폰이 던지는 질문

레오폰이라는 동물을 아십니까?

젊은 사람들에게는 생소한 동물일지도 모릅니다. 그도 그럴 것이 원래 자연계에는 존재하지 않는 종이기 때문입니다. 레오폰은 수표범과 암사자 사이에 태어난 동물입니다. 한신阪神파크에서 태어난 레오폰은 해를 거듭할수록 인기를 끌어서, 1973년에는 레오폰을 보기 위해 연간 135만 명이 몰려들어 한신파크 개장 이래 최고의 입장객을 기록했습니다. 지금으로 말하면 희귀 동물 판다에 버금가는 인기였습니다.

하지만 같은 희귀 동물이라고 해도 레오폰은 판다와 다르게 자연의 섭리를 거스르고 인간이 인공적으로 교배하여 만든 동물로 번식 능력이 없어서 당대로 끝나는 동물입니다. 지

금의 우리라면 '왜 그런 윤리에 어긋나는 짓을 했을까?'라며
인간의 만용을 문제 삼았을 겁니다.

그런데 그때는 인위적인 종간 잡종interspecific hybrid 연구에
몰두하던 시대였습니다. 세계 각지의 동물원에서도 수사자와
암호랑이를 교배시킨 '라이거'나 수호랑이와 암사자를 교배
시킨 '타이곤' 등 희귀 동물 만들기에 몰두했습니다.

기타무라 고야(회사원, 46세) 씨는 어린 시절이었던 1970년
대에 몇 번이나 레오폰을 보러 동물원에 갔던 기억을 이렇게
회상했습니다. "레오폰은 낮에는 자느라 거의 움직이지 않았
다. 어린이들은 원숭이나 코끼리를 보는 것을 훨씬 재미있어
했다."(《아사히신문》 2012년 12월 12일 자 '간사이 유산' 중에서) 기
타무라 씨의 감상에는 당시 어린이로서 품었던 생각뿐만 아
니라 오늘날 우리가 가진 윤리관도 포함되어 있다는 생각이
듭니다.

그 당시에 한신파크와 마찬가지로 오사카 덴노지동물원에
서도 자연계에 존재하지 않는 '라이거'가 태어났습니다. 라이
거는 태어난 지 얼마 되지 않아 죽었는데, 10년이 지난 후 "아
무리 동물이라고 해도 두 번 다시 반복해서는 안 될 잘못을 저
질렀다"고 덴노지동물원 측이 《오사카 시 덴노지동물원 70년
사大阪市天王寺動物園70年史》에서 언급했습니다. 말하자면 시대에

따라 사람들의 가치관이 달라지고 그때마다 우리의 기억 역
시 덧칠되는 것입니다.

레오폰이 박제가 된 지금, 인간의 만용을 경계하는 존재로
서 그 시선을 우리에게 던지고 있는 듯한 생각이 듭니다.

생식 의료는 행복을 가져다주는가?

    인간의 생활은 인류가 탄생한 이래 풍부한 식량, 쾌적한 삶이라는 욕망을 달성하기 위해 살아온 역사이기도 합니다. 바꿔 말하면 과학을 손에 넣은 인간은 자연계에 도전하면서 욕망을 달성하기 위해 끊임없이 노력해왔습니다. 하지만 이러한 노력은 때때로 과학이 무모한 시도를 할 수도 있다는 점과도 연결됩니다. 즉, 인간의 윤리관이 과학의 힘에 밀려나기 쉽다는 뜻입니다. 레오폰이 그런 사실을 상징한다고 말할 수 있겠지요. 하지만 반성은 하면서도 우리는 인간이 욕심 많은 동물이라는 점을 냉정하게 성찰하지 못하고 있습니다.

    1998년 5월 10일 자 〈아사히신문〉 '덴세이진고'에는 '파리의 동성애'라는 글이 게재되었습니다.

파리도 동성애를 한다. (중략) 동성애 성향이 있는 파리가 인공적인 돌연변이를 유도하는 과정에서 발견되었다. 암컷에 전혀 관심을 보이지 않아서, 이 파리와 동일한 유전자를 가진 무리를 '해탈이'라고 이름 붙였다. 그런데 살펴보니 해탈해서가 아니었다. 수컷끼리 두었더니 구애 행동을 시작하는 것이었다.

과학기술진흥사업단의 연구 사업 중 하나인 '행동 진화 프로젝트' 팀은 해탈이의 발견을 바탕으로 성행동을 결정하는 유전자를 특정하고 유전자의 구조를 밝혔다. 이번 실험 결과는 동물의 행동을 결정하는 유전자 중 하나를 실험으로 증명했다는 점에서 획기적인 성과라고 한다. 연구를 더 발전시키면 동성애 병해충을 늘여 해충의 번식을 막고 작물의 생육을 돕는 일 등에 응용할 수 있다.

"10년 전에 이런 이야기를 했다면 학계에서도 괴짜 취급을 받았겠지요"라는 연구 책임자의 코멘트로 글은 마무리되었습니다.

작물의 해충 구제를 위해 사용되어온 화학약품이 환경에 악영향을 미친다는 이유로 '곤충의 동성애'는 각광을 받습니다. 과연 동성애 병해충을 늘리는 일이 자연환경을 보호하는 일에 연결될까요? 화학약품을 자연계에 뿌려서 생기는 오염을 막는 데는 효과가 있겠지요. 그렇다고 해서 동성애 곤충을 인공적으로 만들어 자연계에 방사하는 방법이 진정한 의미에서 자연을 보호하는 행위라고는 생각되지 않습니다.

애초에 해충이라고 결정한 것은 누구인가요? 곤충이 스스로 고백한 것도, 곤충들 사이에서 지목당한 것도 아닙니다. 인간이 '해충'이라고 지목한 것뿐입니다. 내 눈에는 열심히 동성애 곤충을 만드는 연구자의 모습이 우습고 애처로워 보입니다. 어떻게 보면 무섭기까지 합니다.

이런 성별 문제는 곤충에 한정된 이야기만은 아닙니다. 2002년 5월 8일 자 〈아사히신문〉에는 '생식 의료'에 관한 글이 실려 있습니다. 이 기사에 의하면 축산계에서는 이미 가려 낳기가 상용화되어 있다고 합니다. 플로 사이토미터flow cytometers라는 레이저 광선 장치를 사용하여 암컷이 되는 X 정자와 수컷이 되는 Y 정자를 분별한다고 합니다. 2002년에는 완전히 분별하기는 어려웠지만, 그 장치로 선별을 해도 기형 등의 문제 사례는 없었다고 합니다. ('남녀 가려 낳기', '생식 의료, 생명을 만드는 기술', 〈아사히신문〉 2002년 5월 8일 자)

'플로 사이토미터'는 '육우라면 수소', '젖소라면 암소'라는 축산업자의 바람에 호응하기 위한 장치입니다. 그런데 인간은 이 장치를 주변에 있는 동물의 선별에 활용하는 데 그치지 않습니다. 인간의 욕망은 끝이 없어 '아들딸 가려 낳기'에까지 손길이 미칩니다. 그리고 과학이 그 바람을 앞서가기라도 하는 듯이 개발에 착수합니다.

조금 전에 말한 '생식 의료'의 기사에서 이야기했듯 '안전성이 확보되지 않았다'는 이유로 일본산부인과협회가 2006년까지 금지했음에도 불구하고, 수면 아래에서 실시하고 있는 의료기관이 있다고 언급하면서 다음과 같은 사례를 소개합니다.

도쿄 도 내에 거주하는 주부 A씨(32세)는 아들만 둘이어서 어떻게 해서든 셋째는 딸을 낳고 싶어 남편과 상의한 후 특정 산부인과를 찾습니다. 그 병원은 '퍼콜법percoll method'으로 아들딸 가려 낳기를 시술하는 곳입니다. '퍼콜법'은 특수한 용액이 든 시험관에 정자를 넣고 원심분리기에 걸어 남성이 되는 Y 정자와 여성이 되는 X 정자를 구분하는 방법입니다. 성별을 결정하는 염색체의 X와 Y는 X가 Y보다 미묘하게 무겁습니다. 그래서 원심분리기에 넣으면 가벼운 Y 정자가 바깥쪽에 모이게 됩니다. 그러한 특징을 이용하여 딸을 희망하는 A씨에게 중심부에 남아 있는 정자를 꺼내 수정합니다. 하지만 중심부의 정자가 전부 X 정자는 아닙니다. 그럴 확률은 80퍼센트라고 합니다.

A씨가 '퍼콜법'을 시도한 것은 이번이 두 번째입니다. '퍼콜

법'으로 시도한 최초의 임신은 불과 20퍼센트 확률이라고 들었던 Y염색체로 아들을 임신했습니다. 그 사실을 안 A씨 부부는 고민 끝에 중절을 합니다. 그렇지만 딸을 낳고 싶다는 마음을 포기하지 못하고 두 번째 시술에 도전합니다.

물론 '아들딸 가려 낳기' 기술의 안전성을 둘러싼 논의는 중요한 문제임에는 틀림없습니다. 하지만 그 이전에 아들딸을 가려 낳으려는 욕망이야말로 거꾸로 우리 인간을 괴롭히고 있지는 않나요? 인간의 욕망은 끝이 없고, 또 욕망을 달성하기 위해 오로지 과학에 의존합니다. 그 결과 A씨는 중절이라는 슬픈 현실을 받아들였습니다.

과연 과학의 진보는 우리를 행복하게 해주고 있나요?

야생의 사고

문명화된 현대인의 사고방식은 감성 따위는 배제해버린 근대 과학에 바탕을 둔 새로운 설명 체계입니다. 그 예로 식물의 분류를 들어봅시다.

'가지'는 가지과에 속하지만 같은 가지과에는 토마토, 감자도 포함되어 있다는 사실을 아십니까? 식물에는 잎, 줄기, 꽃 그리고 색깔이나 모양 등 다양한 차이가 있습니다. 그러니 어느 부분에 주목하는가에 따라 분류 방법은 달라지니 실제로는 질서정연하게 분류할 수가 없습니다.

그런데 18세기에 스웨덴 사람 린네가 등장하여 과감하게 분류합니다. 린네는 식물을 '암술'과 '수술'에만 주목하여 다른 문제는 모두 배제하고 나눕니다. 즉, 이것이 근대 과학적 사고입니다. 게다가 '계－문－강－목－과－속－종'과 하위분류로 자세하게 나누지만, '목'까지는 대표적인 생물의 이름으로 분류합니다. 그 방침에 따라 토마토도, 감자도 대표적인 생물인 가지과로 분류됩니다.

그런데 이 분류법을 동물에도 적용한 결과, 현실 사회에서 많은 사람들이 이의를 제기합니다. 특히 반려동물로 사랑받는 개와 고양이의 경우는 큰 문제가 되었습니다. 개와 고양이를 둘 다 사랑하는 사람도 있겠지만, 대부분 개파와 고양이파로 나뉩니다.

개는 개과이지만 '목'으로 분류하면 대표적인 생물로 묶입니다. 그래서 개과는 척추동물아문 포유강 고양이목에 속합니다. 고양이목에 속하는 동물은 너구리, 여우, 호랑이, 판다 등이 있지만, 개 애호가 입장에서는 자신이 기르는 개가 '고양이목에 속한다니…… 참을 수 없다'는 심정이겠지요. (실제로는 동물계 - 척삭동물문 - 포유강 - 식육목에서 개아목과 고양이아목으로 나뉜다 - 옮긴이)

무엇보다 가장 물의를 일으킨 것은 인간의 분류입니다. 인간은 원숭이와 함께 영장류에 속합니다. 하지만 영장류에 묶인 '유'는 정식으로는 '목'에 해당합니다. 그렇게 되면 '목'에는 대표적인 생물의 이름을 붙여야 합니다. 그렇기 때문에 인간은 원숭이목이 됩니다.

그런데 분류하는 위치에 있는 인간이 원숭이 아래로 들어가는 굴욕을 당했다고 반발을 불러일으키게 됩니다. 그 결과 대부분의 책에 인간은 원숭이목이 아니라 영장류(목)라고 쓰입니다.

이 대목도 잘 생각해보면, 대표적인 생물을 '목'으로 삼는 분류법에 대해 식물이라면 이의가 없으면서도 인간에게 친근한 동물이나 인간 자신에게 영향을 미치면 문제 삼습니다. 인간이 스스로 잣대를 만들어 결정하면서 자신의 처지가 곤란하면 변경하라고 요구하는, 제멋대로인 현대 인간의 모습을 엿볼 수 있습니다.

이러한 근대 과학에 바탕을 둔 사고방식, 자신이 자연계의 정점을 차지했다는 자만심으로 가득 찬 문명인에게 경종을 울리고 스스로를 다시 성찰하는 계기를 마련해준 인물로 클로드 레비스트로스Claude Lévi-Strauss(1908~2009)가 있습니다. 그는 《야생의 사고》에서 문명인과 미개인의 사고방식을 비교 분석하여 미개인의 사고방식은 자연 친화적인 사고 활동이자 자연계의 다양한 동식물을 관찰한 데서 끌어낸 감각 데이터를 바탕으로 체계화한 치밀한 사고방식이라고 논합니다.

그리고 미개인은 자연에 세심한 주의를 기울이면서, 손에 넣을 수 있는 한정된 재료로 물건을 만들어내는 지적인 '손재주bricolage(브리콜라주)'를 구사한다고 합니다. 레비스트로스는 문명인의 '근대 과학'에 대해 이러한 미개인의 사고방식과 작업을 '구체의 과학'이라고 이름 짓고 양쪽의 과학에 우열의 차는 없다고 말합니다. (브리콜라주는 사회학 용어 사전에는 '뜯어 맞추기'라고 되어 있지만, 《야생의 사고》에서는 좀 다른 뜻으로 쓰였다고 한다. 그래서 이 책에서는 《야생의 사고》에 실린 '손재주'라는 단어를 썼다 - 옮긴이)

즉, 문명인이 "미개인의 지성은 발달하지 못해 합리적인 사고를 할 수 없으며 비논리적이고 주술적인 사고방식"이라고 비난하는 것은 문명인의 편견에 지나지 않는다는 뜻입니다.

미개인과 문명인의 사고방식에 우열의 차가 없다고 지적하는 레비스트로스이지만, 그의 말에는 자연 친화적인 사고방식을 버린 문명인의 사고법이야말로 야만적이라는 비판이 포함되어 있습니다. 이러한 점은 앞서 예로 든 레오폰, 생식 의료의 문제 등에서도 잘 알 수 있습니다.

다시 말하면, 지금까지 문명화된 근대 과학을 바탕으로 한 사고방식이 우수하다고 자부해온 인간이야말로 반성해야 한다는 생각이 듭니다.

과학적 사고방식의 함정

근대 과학에 바탕을 둔 사고방식의 문제점이 드러난 현대에 문명인이라고 자부하는 우리는 레오폰에 대한 반성으로도 알 수 있듯이 자연환경을 지키려는 관점을 갖추고 있는 듯 보입니다. 하지만 그것은 착각인지도 모릅니다.

다음은 겨울철의 별미라고 하는 자주복의 정소精巢에 대해 쓴 '덴세이진고'의 글입니다.(2012년 12월 15일 자)

백색 보석, 머지않아 대량 생산이 가능할지도 모른다.

얼마 전 도쿄해양대학이 자주복 수컷만을 증식하는 기술을 개발했다. 복섬을 대리모로 하여 수컷만 생산하는 정자를 가진 '슈퍼 수컷'을 만들었다. '정소 공장'이라 부를 수 있을 정도로 완벽한 가려 낳기다.

자주복의 수컷이 암컷보다 30퍼센트나 비싼 이유는 '정소의 가치' 때문이다. 슈퍼 수컷이 보급되면 정소의 가치 혁명이 이루어진다. 먹는 즐거움을 위해 자연의 섭리를 거스르게 되지만, 양식장 내에서만 일어나는 일이라면 하늘도 용서해줄 듯하다.

복어과에도 하위분류로서 속이 있는데, 자주복속과 밀복속이 있습니다. 이 글은 인간의 손으로 자연계에 존재하지 않는 속을 초월한 '슈퍼 수컷' 복을 만들어냈다는 사실을 알려줍니다. 거기에 덧붙여 자연계에 존재하지 않은 '슈퍼 수컷' 복의 탄생을 환영하고 있습니다.

물론 레오폰을 만들어낸 1970년대와는 다르게 이 기사에는 자연환경의 관점을 포함한 사고의 틀이 겸비된 듯 보입니다. "자연의 섭리를 거스르게 되지만"이라고 한발 물러서면서 양식장이라는 격리된 장소에서 벌어지는 일이니 허용될 것이라는 의견을 덧붙이기 때문입니다.

하지만 잘 생각해보면 레오폰도 동물원이라는 격리된 세계에서 탄생했습니다. 그렇게 본다면 '슈퍼 수컷' 복의 탄생을 정당화하는 논거는 무너집니다. 말하자면 인간에게 친근한 동물이 아닌 멀리 있는 생물, 즉 물고기에 대해서는 자연과의 친화성을 고려해야 한다는 사고가 정지되었다는 이야기가 되니까요. 또 경제성을 바탕으로 합리성에 의거한 근대 과학의 사고방식은 자연환경을 중시하는 생각이나 논리관에도 깊이 침투해 있는 것은 아닐까요?

멸종 위기에 처한 황새의 예를 들어 또 다른 관점에서 현대 과학적인 사고의 틀에 사로잡힌 논리관에 관해 생각해보도록 합시다.

예전에 일본에서 흔히 생식했던 황새는 환경오염 등의 다양한 원인으로 인해 멸종 위기에 처해 국가에서 특별천연기념물로 지정했습니다. 효고 현 도미오카富岡 시에 있는 '황새의 고향 공원'에서는 황새를 인공적으로 사육하여 자연계로 돌려보내는 작업을 하고 있습니다.

2007년 3월 3일 자 〈아사히신문〉에 '황새, 금단의 사랑?'이라는 기사가 게재되었습니다. 내용은 다음과 같습니다.

2005년 9월, 황새의 고향 공원에서 자연계로 방류한 황새 중, 같은 암수 황새 사이에 태어난 수컷(6세)과 암컷(3세)이 전봇대 위에 '보금자리'를 만들고 교미를 하기 시작했다고 합니다. 그런데 그대로 암컷이 산란하면 유전적으로 문제가 있는 새끼가 태어날 수도 있기에 수컷을 포획하여 황새의 고향 공원 내에서 수용하기로 했다는 내용이었습니다. "두 마리의 '금지된 사랑'은 2개월 만에 종지부를 찍었다"며, 마지막에 아마추어 카메라맨들은 "형제였다니……"라면서 안타까워했다고 글을 마무리했습니다.

근친상간은 유전적 문제가 있다는 의학(과학)적 이론을 바탕으로 한 생각을 새들의 세계까지 확장하여 적용한 모습을 보도하면서 포획한 수컷 황새를 애처롭게 생각하면서도 그 처치에 이의를 논하는 목소리는 없습니다.

그런데 자연계에서도 근친상간은 금기 사항일까요? 그 문제에 관해 신경 써본 일이 없으니 실상이 어떤지 전혀 알 길이 없습니다. 이 문제가 부상하게 된 원인은 황새가 나라에서 지정해서 천연기념물로 소중히 관리하는 새이기 때문이지 않을까요? 그렇기에 교배하는 행위까지 인간이 참견하게 된 것이 아닐까 싶습니다.

즉, 인간이 감시하고 있는 황새이기에 인간의 잣대에 맞게 조작하려는 것입니다. 참새나 까마귀가 근친 간에 사랑을 키워나간다면, 설령 알더라도 문제시하지는 않겠지요. 그 이전에 알아차리지도 못하겠지만요.

황새가 인간과 같은 감정을 지니고 있는지 아닌지는 나도 모릅니다. 하지만 인간의 경우도 클레오파트라의 예를 들출 것도 없이 근친 간의 혼인을 비정상적이라고 단정짓지 않던 시대가 있었습니다. 그 시대로 거슬러 올라가면 형제간에 사랑의 보금자리를 만들었다는 사실을 알았다고 해도 흐뭇하게 지켜보았을지도 모릅니다. 이렇게 인간과 거리가 있는 새도 '나라에서 관리하는 천연기념물'일 경우에는 근대 과학으로 무장한 인간의 대처법으로 대처합니다.

그러면 '설마 쌍둥이라고는……'이라는 제목의 기사도 한 번 살펴봅시다.

영국에서 태어나자마자 각기 다른 가정으로 입양된 쌍둥이 남녀가 자신들이 쌍둥이라는 사실을 모른 채 결혼하여 살고 있다는 사실이 밝혀졌다. 하지만 재판소가 결혼의 유효성을 심사한 결과 '근친결혼'이라고 판단하여 결혼은 무효가 되었다고 한다.
영국 미디어에 의하면, 영국 상원 심의에서 모 상원의원이 재판관에게 들은 이야기를 소개하면서 사연이 알려졌다고 한다. 쌍둥이에 관한 상세한 사연은 밝혀지지 않았지만 '서로 피할 수 없는 매력을 느꼈기 때문'에 결혼했고, 그 후 쌍둥이라는 사실을 알았다고 한다.　　　　　　　　　　　－〈아사히신문〉 2008년 1월 13일 자

우리는 자유롭게 연애하고 결혼도 어떠한 동기나 계기라도 자신의 의사로 결정한다고 생각합니다. 자란 환경이 다른 두 사람이 어딘가에서 만나서 사귀다 결혼합니다. 그런데 어느 날

두 사람은 쌍둥이라는 사실을 알게 됩니다. 우연이라고밖에는 말할 수 없습니다. 하지만 과학적 지식과 그 지식을 바탕으로 한 법의 잣대는 그들의 결혼을 인정하지 않습니다.

이 기사를 읽고 두 사람의 슬픈 운명에 가슴이 아팠던 사람이 나뿐만은 아니라고 생각합니다. 물론 재판소의 판단이 틀렸다고 주장하려는 것은 아닙니다. 단지, 근대 과학적 사고방식이 우리를 행복하게 해주는 절대적으로 우수한 사고방식은 아니라는 점을 지적함으로써 근대 과학적인 사고에 사로잡혀 있는 현대인이 의문을 가졌으면 하는 바람입니다.

화학약품 문제를 해결하려 힘쓰는 '동성애 해탈이'의 연구자. 사람들의 바람에 부응하고자 '생식 의료'의 장치 개발에 전념하는 의학자. 미식의 욕망을 채우기 위해 '슈퍼 수컷' 복의 탄생에 힘을 쓰는 연구자. 이러한 사례에서 근대 과학을 손에 넣음으로 야기된 인간의 방만함을 엿볼 수 있지 않습니까?

그리고 마지막에 예로 든 '황새'와 '쌍둥이' 문제는 이러한 근대 과학적 사고방식 자체가 감수성이나 현실감을 배제해왔기 때문에 또 다른 슬픔이나 허무감을 유발한다는 생각이 듭니다.

린네가 식물을 분류할 때 '암술'과 '수술'에만 주목했듯이, 분류를 하려면 다른 생각을 배제하는 힘이 필요합니다. 즉,

분류는 서열을 만들어낼 위험이 따른다는 점을 자각해야 합니다.

우리가 과학적인지 아닌지를 기준으로 다른 생각을 배제해가는 방식으로 사고하는 것은, 미개인의 사고와 문명인의 사고에 우열의 차가 없다는 레비스트로스의 경고를 아직도 진지하게 받아들이지 않았기 때문입니다.

 읽을거리

《오사카 시 덴노지동물원 70년사大阪市天王寺動物園70年史》
《야생의 사고》, 클로드 레비스트로스, 한길사, 1996.

11장

나를 지배하는 권력

권력론(1) _____

내가 학생이었을 때 대학 커리큘럼은 지금과 같이 학기제가 아니고 1년 기준이었습니다. 그래서 하반기에 치르는 정기 시험만 없으면 학생들에게 대학은 천국이었습니다. 그런데 정기 시험이 필기시험이 아니라 보고서로 대체되었던 적이 있었습니다.

대표적인 것이 전학공투회의(전공투)와 신좌익이 도쿄대학 혼고캠퍼스에 있는 야스다 강당을 점거하자 대학의 의뢰를 받은 전투경찰이 출동하여 봉쇄·해제시킨 1969년 1월 도쿄야스다강당사건입니다. 대학 분쟁이 절정이었던 당시에 나는 고등학생이었습니다.

그러니 내가 대학에 입학한 1972년에는 캠퍼스에서 손에 각목을 들고 헬멧을 쓴 운동권 학생들은 볼 수가 없었습니다. 대학 캠퍼스는 평온을 되찾은 모습이었습니다. 그러던 3학년 가을이었습니다. 대학 측의 수업료 인상 발표를 발단으로 잠잠했던 운동권이 활발한 저항 운동을 벌이려는 움직임을 보였습니다.

식당과 동아리 방이 있는 학생회관으로 가는 길모퉁이에는 커다란 장막이 드리워졌고, 그 앞에서 헬멧을 쓴 운동권 학생이 마이크를 들고 "수업료 인상에 의한…… 미 제국주의 결사 반대!"라고 외쳤습니다.

당시에도 그랬지만 지금도 '수업료 인상'과 '미 제국주의'가 어떤 문맥으로 연결되는지 나는 잘 모르겠습니다. 단, 그들이 호소하는 '미 제국주의'는 그렇다고 쳐도 '수업료 인상 반대'에는 학생들도 공감했습니다.

겨울방학이 끝나고 해가 바뀌어 정기 시험을 앞두었을 무렵이었습니다. 먼저 법대 자치회가 바리케이드를 치고 법대 건물을 봉쇄했습니다. 그래서 법대에서는 정기 시험이 중지되어 전 과목 시험이 보고서로 대체되었습니다.

학생들에게는 무엇이 제출될지 모르는 시험공부보다도 어느 한 부분에서 정해진 주제로 쓰는 보고서 제출이 상당히 고마운 처사였습니다. 그러한 점도 학생들이 지지하는 이유였겠지요. 경제학과, 경영학과도 차례로 봉쇄되었습니다. 그런데 내가 소속한 사회학부 자치회는 전혀 그러한 움직임을 보이지 않았습니다.

다른 학과의 상황이 부러웠던 나는 시험공부를 위해 끌어 모은 노트를 앞에 두고 우리 과를 원망했습니다. 그리고 대학 전체가 보고서로 대처하는 조치를 취하지는 않을까 하는 얄팍한 기대로 마음이 붕 떠서 시험공부에는 손도 대지 않은 채 시험 보는 날을 맞이했습니다.

학교 정문을 통과해 폐쇄된 다른 학과를 바라보면서 걷고 있으니, 사회학과 건물이 시야에 들어오기 시작했습니다. 내 얄팍한 기대는 부서졌고 강의실 문은 열려 있었습니다. 게시된 좌석표에 따라 자리에 앉았지만 겉핥기식 공부만 한 터라 펜이 움직일 리가 없었습니다. 학번과 이름을 쓰고 나니 손은 할 일을 잃었습니다.

시험장이었던 강의실은 교탁이 있는 앞쪽의 양옆에 문이 있었는데, 오른쪽 문은 복도로 통해 있어서 들고 날 수 있는 문이 앞뒤로 나 있는 구조였습니다. 시험이 시작되어 10분 정도 지났을 때였습니다. 자포자기 상태였던 나는 고개를 들고 멍하니 오른쪽 창문 밖으로 시선을 던지고 있었습니다. 그러자 창문 너머로 대여섯 개의 헬멧이 보였습니다.

'눈앞에서 엄청난 일이 벌어지려나 보다.'

심장이 두방망이질하며 내 몸을 흔들었습니다. 창밖의 복도에서 헬멧이 뛰는 모습이 보였습니다. 나에게는 그야말로 기다리고 기다리던 구세주와도 같았습니다.

헬멧을 쓰고 흰 수건으로 얼굴을 감싼 학생들은 "시험 분투!"를 외치면서 뒷문으로 들어왔습니다. 시험을 치고 있던 학생들은 예상치 못했던 일에 놀랐고, 뒤에 있던 여학생은 "꺄아!" 하고 비명을 지르며 앞으로 뛰쳐나왔습니다.

시험을 감독하러 들어왔던 교수는 신변의 위험을 느끼고는 일찌감치 모습을 감추었고, 헬멧 쓴 학생들은 시험을 무효화하기 위해서 그러는 건지 시험을 치르던 학생들로부터 시험지를 강제로 빼앗았습니다.

구세주가 등장한 덕분에 그 과목의 시험은 무효가 되었습니다. 하지만 앞으로 남은 시험은 어떻게 될지 모르는 불안감을 안고 강의실을 나와 시계탑 아래의 중앙 잔디로 향했습니다. 어디서, 어떻게 모였는지 많은 학생들이 잔디에 앉아 있었습니다. 그리고 맨 앞줄에는 시계탑을 등지고 헬멧을 쓴 운동권 학생이 서 있었고, 그들에게 호응하는 학생들이 보내는 커다란 박수 소리로 캠퍼스 전체가 소란스럽게 술렁거렸습니다. 나는 눈앞에 펼쳐지는 광경에 압도되었습니다. 동시에 '나는 지금 역사적인 순간을 맞이하고 있는지도 모른다'라는 생각에 온몸은 흥분으로 가득 찼습니다.

구호를 외치는 횟수에 비례하여 집회에 참여한 학생들의 흥분은 고조되어 갔습니다. 그때였습니다. 운동권 리더처럼 보이는 사람이 모여 있는 학생들의 등 뒤쪽에 있는 대학의 정문을 가리키며 외쳤습니다.

"전투경찰이다! 대학은 '학문의 자유' 그리고 '대학 자치'를 짓밟고 국가권력을 요청했다!"

정문 앞에는 경찰 차량이 여러 대 줄지어 서 있었고 크고 단단한 체구의 전투경찰이 두랄루민 방패를 들고 늘어서 있었습니다. 국가권력을 도입한 대학의 대응으로 결국 이 사태는 진압되었지만, 전체 학부의 정기 시험은 보고서로 대체되었습니다.

✳

지배하는 거대한 권력

내가 체험한 대학 분쟁에서는 학생과 대학 모두 자신의 의지를 관철하기 위해 물리적인 힘(폭력)을 사용했습니다. 단, 학생들의 파괴적인 폭력을 저지하기 위한 대학 측의 대응은 국가가 가진 폭력(전투경찰), 즉 국가권력이었습니다.

그렇다면 권력이란 도대체 무엇일까요?

인터넷 네이버 사전을 찾아보면 "남을 복종시키거나 지배할 수 있는 공인된 권리와 힘"이라고 나와 있습니다. 내가 체험한 대학 분쟁 진압의 모습은 그야말로 이러한 권력을 의미합니다. 그런데 사회학자 막스 베버에 의하면 권력이란 "어떤 사회관계에서 자신들의 의지를 타인의 저항을 눌러서라도 관철할 수 있는 모든 가능성"(《사회과학 방법론》)이라고 합니다.

베버가 말하는 권력의 정의와 권력이라는 낱말의 사전적

의미가 같다고 생각할지도 모릅니다. 하지만 베버의 정의에서는 자신의 의지를 관철하기 위해 저항하는 타인에 대해 취하는 권력을 '눌러서라도'라는 문구로 한정하는 한편, '모든 가능성'에 두고 있습니다. 즉, 권력이란 강제만을 가리키는 것은 아니라 무리하게 차지하지 않아도 관철할 수 있는 모든 가능성을 고려해야 한다는 사실이 포함되어 있습니다.

곰곰이 생각해보면 대학 분쟁의 예와 같이 폭주하는 학생들에게 자신의 의지를 힘으로 눌러서라도 복종시키려 국가권력이라는 폭력을 행사하는 일은 드문 경우입니다. 보통은 강제로 상대를 복종시키지 않아도 무난하게 자신의 의지를 관철합니다.

예를 들어 교사와 학생의 관계를 보면 학생이 교사의 의지나 바람을 미리 읽고 행동으로 옮깁니다. 이렇듯 학생은 자발적으로 교사가 바라는 모범생이라는 사실을 보여주어 교사에게 칭찬받고 좋은 평가를 얻어냅니다. 다시 말해, 교사가 가진 가치관을 바탕으로 한 평가에 학생들이 복종하여 그 지배하에 들어가는 것입니다.

베버는 위와 같이 복종하는 자가 스스로 원해서 지배되는, 그 동기가 되는 정당성에 주목합니다. 그리고 복종을 끌어내는 정당성을 '전통적 지배', '카리스마적 지배', '합법적 지배'

의 세 유형으로 나누었습니다.

먼저 '전통적 지배'는 '부모가 하는 말은 들어야 한다'라는 식으로 옛날부터 전해오는 관습에 복종하고 그것을 받아들이는 유형의 지배를 말합니다. 다음 '카리스마적 지배'는 예언자나 영웅, 교주 등 특별한 자질이나 능력을 지닌 사람의 의견을 받아들이는 유형의 지배입니다. 즉, 초월적인 인간이 지닌 위광으로 사람을 끌어들이는 능력을 이용하여 지배하는 모습입니다. 세 번째의 '합리적 지배'는 크게 본다면 법에 기반을 둔 지배입니다. 우리는 법에 비추어 자신을 통제합니다. 예를 들면 도로교통법에 따라 자동차를 운전하는 것도, 복장을 규정하는 학교의 교칙에 따르는 것도 '합리적 지배'에 해당합니다.

베버에 의하면 권력이라는 것은 지배하는 자가 지니고 피지배자를 향해 작동하는 직선적인 관점뿐만 아니라, 지배되는 쪽이 자진하여 권력을 받아들이는 측면, 바꾸어 말하면 복종하는 쪽의 주체성에도 눈을 돌릴 필요가 있다는 점을 시사합니다.

보이는 권력 vs. 보이지 않는 권력

1757년 3월 2일, 다미앵에게 다음과 같은 유죄 판결이 내려졌다. '손에 2파운드 무게의 뜨거운 밀랍 횃불을 들고, 아랫도리만 가린 채 파리 노트르담 대사원 정문 앞에 사형수 호송차로 끌려와 공개적으로 사죄할 것', 다음으로 '상기의 호송차로 그레브 광장으로 옮겨 간 후, 그곳에 설치된 처형대 위에서 가슴, 팔, 넓적다리, 장딴지를 뜨겁게 달군 쇠집게로 고문하고 오른손은 국왕을 살해하려 했을 때의 단도를 잡게 한 채 유황불로 태울 것. 그리고 쇠집게로 지진 곳에 불에 녹인 납, 펄펄 끓는 기름, 지글지글 끓는 송진, 밀랍과 유황의 용해물을 뒤집어씌우고, 몸은 네 마리의 말로 사지를 찢어놓으며, 손발과 몸은 불태우고, 재는 바람에 날려버린다.'

　　　　　　　　　　　　　　　　　　　　　　　　　-《감시와 처벌: 감옥의 역사》

미셸 푸코Michel Foucault(1926~1984)의《감시와 처벌: 감옥의 역사》는 위와 같이 몸에 털이 곤두서는 듯한 끔찍한 내용으로 시작합니다.

국왕을 살해하려고 했던 다미앵의 처형 과정을 상세하게 지시한 이 자료에 이어서 실제 처형 장면을 자세하게 전하는 〈암스테르담 신문〉에 게재된 기사가 이어지는데, 그 내용은 책을 덮고 싶을 정도로 잔인합니다.

하지만 푸코가 그 자료를 인용하여 전하려던 내용은 과거에 행해진 섬뜩한 신체형을 소개하려는 것이 아니라, 권력이 역사적으로 어떻게 변용되었고 그 과정에서 우리의 태도가 어떻게 변했는지 하는 점입니다.

다미앵의 처형은 국가가 추구하는 행위에 반하는 행동을 한 자에게는 죽음으로 죗값을 치르게 한다는, 왕이 지닌 절대적인 힘인 '죽음을 선고하는 권력'을 상징합니다.

푸코는 다미앵이 처형된 지 4분의 3세기가 지난 1830년에 레옹 포셰가 작성한 '파리 소년 감화원을 위한 규칙'을 끄집어 냅니다. 규칙 17조에는 아침 5시부터 재원자의 일과를 시작한다고 명기되어 있습니다.

〈주〉하절기는 5시, 동절기는 6시 기상.

먼저, 첫 번째 북소리가 울리면 기상하여 착의한다.

두 번째 북소리가 울리면 침상에서 내려와 침구를 정돈한다.

그리고 세 번째 북소리가 울리면 '아침 예배'가 있는 예배당에 가기 위해 정렬한다.

항목 전체가 5분 간격으로 울리는 북소리 신호를 듣고 움직이도록 정해져 있습니다. 푸코가 감화원의 규칙을 끌어낸 이유는 다미앵의 처형으로 상징되는 18세기의 처벌이 범죄자를 감화원에 수용하여 교정하는 식으로 변했다는 점을 지적하기 위해서입니다.

푸코의 이론을 화분에 키우는 식물을 예로 들어 분석하면 다음과 같습니다. 식물이 머릿속에 그리던 이상적인 모습으로 자라지 않으면 휘어진 가지를 잘라내는 것이 18세기의 권력입니다. 그것이 19세기 중반이 되면 휘어진 가지를 철사로 묶어 교정하여 이상적인 형상으로 만드는 권력으로 변한 것입니다.

이어서 푸코는 근대의 권력 구조로 눈을 돌립니다. 지금까지는 외부에서 강제적이고 구속적으로 작용하는 권력의 모습이었습니다. 즉, '눈에 보이는 권력'이었던 것입니다. 하지만 근대에 들어 권력은 신체 깊은 곳으로 파고들어가 사람들이 주체적으로 움직이도록 만들었습니다.

앞서 말한 화분의 식물을 예로 든다면, 화분에 씨를 뿌린 종자가 이상적인 형상으로 자라나도록 물이나 양분을 적당히 제공하고 빛을 조정하는 식의 권력입니다. 이것이 바로 교회나 병원 또는 학교라는 제도입니다. 교회는 우리에게 어떤 마음가짐으로 살아야 하는지 가르칩니다. 병원에서도 환자는 병원의 규칙에 따르고 의사의 지시에 따라 자신의 생활을 관리해야 합니다. 그리고 학교의 경우는 나라 안의 모든 아이들을 대상으로 사회에서 익혀야 할 지식이나 도덕, 생활습관을 가르칩니다. 점심시간이나 쉬는 시간이 정해져 있어서 시간에 맞추어 학교 생활을 해야 합니다. 원래 생리 현상은 자연스럽게 찾아오는 법입니다. 그럼에도 불구하고 한 치의 의심도 없이 종이 울리면 쉬는 시간마다 볼일을 마치도록 행동하게 됩니다.

푸코에 의하면 학교는 '철조망이 보이지 않는 감옥'입니다. 권력은 이미 '보이지 않는 권력'이 되어 우리를 규율·훈련시키고 스스로 주체적으로 행동하도록 만드는 구조가 되었습니다.

푸코는 이러한 근대 사회의 주체와 권력의 구조를 설명한 뒤, 영국의 법학자 벤담이 고안한 교도소 시설 '판옵티콘

panopticon(원형 감옥)'을 인용합니다. 판옵티콘은 중앙에 높은 감시탑을 설치하고 감시탑을 둘러싸는 형식으로 감방이 배치되어, 감시탑에서는 각 감방의 내부가 보이지만 감방 안에 있는 사람에게는 감시자가 보이지 않는 구조입니다. 근대 사회에 있어서 권력은 판옵티콘과 상통하는 것으로, 권력 감시자의 모습은 보이지 않지만 사람들은 그 존재를 내면화하여 스스로 관리하고 있습니다.

저자의 일러두기
처벌은 완전히 바뀌었다기보다는 비율이 변화한 것입니다. 현대사회에서도 감화원에 가두기도 하지만, 보이지 않는 곳에서는 처형도 이루어집니다.

❋
권력은 게임?

"어이, 이와모토. 100엔 줄 테니 주스 좀 사 와."

야간 정규 과정 시라키고등학교에 부임한 내가 긴장한 얼굴로 2학년 A반 교실에 발을 들인 순간, 한 학생이 내게 던진 말이다. 갈색 머리에 교복 윗도리는 짧게 고치고 발목을 졸라맨 통이 넓은 바지를 입은 호시카와가 맨 앞줄 책상에 걸터앉아 눈을 치뜨고 내 대답을 기다리고 있었다. 호시카와의 뒷자리 학생은 젤을 발라 붙인 리젠트 스타일 머리에 4월임에도 불구하고 두꺼운 보라색 코트를 짧은 교복 위에 껴입고 책상 위에 앉아 있었다. 그는 고개를 사선으로 기울이고는 빙긋 웃으며 내 행동을 살피고 있었다. 그가 바로 내 전임자였던 담임선생에게 주먹을 날린 장본인, 마키였다.

－《교육을 날려버려라教育をぶっとばせ》

위의 글은 교사를 폭행한 학생 마키가 속해 있는 문제 학급에서 폭행 사건이 일어난 다음 해에 내가 담임으로 부임했을 때의 일입니다. 야간 정규 과정 고등학교에 갓 부임한 새내기 교사인 내가 이 난국을 어떻게 헤쳐 나갈지, 시비를 건 두 학생뿐만 아니라 반 전체가 흥미진진하다는 듯 눈을 반짝이고 있었습니다.

　물론 아무리 민주적인 학급 경영을 지향해도 교사가 주도권을 쥐지 않으면 학급은 붕괴합니다. 그렇다고 폭력적인 학생을 힘으로 누르려 해도 도저히 불가능합니다. '교사 대 학생'이라는 대립 구조를 이루지 않고 어떻게 하면 그들을 잘 수용하여 교사 주도로 사태를 수습할 수 있을까요?

　이러한 긴급 사태에 나도 모르게 그들에게 날린 대답과 그 후의 전개는 다음과 같습니다.

"아쉽다. 200엔이면 가겠는데, 100엔 받고는 못 가겠다."

순간적으로 나온 말이었다. 그 대답에 호시카와는 빙긋 웃으면서 맞받아쳤다.

"아, 주면 되잖아."

마키도 마찬가지로 미소를 지었다. 마른침을 삼키면서 보고 있던 주위 학생들도 긴장이 풀려서인지 교실 분위기는 부드러워졌

다. 나는 마음속으로 가슴을 쓸어내렸다.　　　–《교육을 날려버려라》

　학교에서는 교사가 학생을 가르치는 입장인 데다 학습을 비롯한 생활 태도의 평가도 포함하여 교사가 힘을 가지고 있습니다. 하지만 시라키고등학교의 경우는 교사와 학생 사이 힘의 관계가 미묘하여 자칫하면 거꾸로 학생이 지배할지도 모르는 상황이었습니다.

　여기서 권력에 관한 논의에서 나아가 새로운 문제로 눈을 돌릴 필요가 있다는 점을 알 수 있습니다. 지배하는 쪽의 권력을 유지하기 위해 마련된 제도나 장치에만 신경을 쓰다 보면, 지배하는 쪽과 지배당하는 쪽 중 언제, 어느 쪽으로 권력이 이동할지 모르는, 일상생활에서 발생하는 권력의 문제를 간과하고 있을지도 모른다는 점입니다. 즉, 권력을 둘러싸고 있는 게임과 같은 측면에 주목할 필요가 있다는 말입니다.

　갓난아기와 보호자인 어머니와의 관계는 이러한 측면을 상징적으로 보여주는 사례입니다. 갓난아기는 원래 무방비 상태여서 보호자(어머니)에게 모든 것을 의탁할 수밖에 없습니다. 배가 고프면 어머니가 젖을 먹이고, 배설물의 처리도 어머니에게 의지합니다. 그러니 모든 권력은 어머니에게 있다고 할 수 있습니다.

그런데 이런 경우는 어떤가요? 아기가 밤늦게 갑자기 울어 댑니다. 어머니는 '혹시나?' 하는 생각에 기저귀를 점검하지만, 아무런 문제가 없습니다. 그러면 '배가 고픈 걸까?' 하고 젖을 주지만 아기는 전혀 먹지 않습니다. 그렇다면 '열이라도 있는 걸까?'라며 아기의 이마를 손으로 짚어보지만 열도 없습니다. 그런데 시간이 지나도 아기는 좀처럼 울음을 그치지 않습니다. 그치기는커녕 울음소리는 시간이 흐를수록 격렬해집니다. 물론 아기는 말로 그 이유를 호소할 길이 없으니 더는 어머니가 이해할 수도, 손쓸 방도도 없습니다.

이렇게 되면 어떻게 해야 할까요? 병원에 가는 수밖에 없겠지요. 그런데 다니던 병원은 야간 진료를 하지 않으니 구급차를 부르기로 합니다.

이렇게 아무런 힘도 없는 갓난아기에게 지배자 역할을 하는 보호자인 어머니가 농락당하고 조종당합니다. 이 상황에서는 어머니가 아닌 아기가 권력을 쥐고 있습니다.

이렇게 생각하면 교사가 학생과의 사이에서 항상 권력을 유지하고 있는 듯이 보이지만, 권력은 어느 쪽으로 굴러갈지 모릅니다. 그렇기 때문에 학교에서 학급 붕괴라는 사태도 발생하기도 하고, 또 그러한 일은 어떤 의미에서는 전혀 신기할 것도 없는 일입니다.

이 장에서는 경험담인 대학 분쟁을 예로 들어서 지배하는 쪽의 의지를 관철하기 위한 권력의 논의로 시작했습니다. 하지만 언뜻 보면 고정되어 흔들림 없는 것으로 생각되던 권력도 조종되는 측, 즉 지배되는 쪽에서 자발적으로 받아들인다는 사실이 베버의 지적에 의해 드러났습니다.

또 받아들이는 측면에 깊이 파고들어 논의한 푸코에 의해 우리를 외부에서 구속하는 '보이는 권력'이 아닌 학교 등의 제도를 통해 규율·훈련시켜 스스로 주체적으로 행동하도록 조종하는 근대 사회의 '보이지 않는 권력'을 들추어냈습니다.

그리고 지배하는 측의 권력 유지를 위한 제도나 장치 등의 커다란 권력 문제에만 관심을 둘 것이 아니라, 일상생활에서의 미세한 권력으로 눈을 돌려보면 게임과도 같이 어디로 이동할지 모르는 권력의 새로운 측면도 보였습니다. 즉, 관계성과 문맥의 그물망에서 항상 어디로 이동할지 모르는 게임과도 같은 권력의 측면을 엿볼 수 있었습니다.

 읽을거리

《사회학으로 무엇을 할 수 있나教育えをぶっとばせ》, 이치노가와 야스타카市野川容孝
《교육을 날려버려라教育をぶっとばせ》, 이와모토 시게키
《사회과학 방법론》, 막스 베버, 나남, 2011.
《감시와 처벌: 감옥의 역사》, 미셸 푸코, 나남, 2003.

12장

지식은 또 다른 권력

권력론(2) _____

✲

〈오나쓰의 사랑〉

에도시대(1603~1867), 이하라 사이카쿠井原西鶴가 서민들의
생활을 묘사한 우키요조시浮世草子(에도 전기에 쓰인 소설의 일
종-옮긴이) 중에《호색오인녀好色五人女》라는 작품이 있습니다.

끝은 지옥인 줄 알면서도 발을 내딛고 마는 사랑의 길
―《도미오카 다에코의 호색오인녀富岡多惠子の好色五人女》인터넷 책 소개 글에서

오로지 사랑으로 생을 불태운 여인들의 일편단심과 강인함
을 전해주는 이 작품에 〈오나쓰의 사랑〉이라는 글이 있습니
다. 주인공 오나쓰가 세주로와 만나 사랑에 빠지기까지의 과
정을 머릿속에 그려봅시다.

하리마播磨의 무로쓰室津라는 항구 마을에 와이즈미 세자에

몬이 경영하는 양조장이 있습니다. 이 집 아들 세주로는 타고 난 외모에 여자를 매료시키는 분위기까지 겸비하고 있습니다. 열네 살 되던 해 봄, 여색의 세계에 발을 들인 세주로는 무로쓰에 있던 여든일곱 명의 유녀 모두와 깊은 관계를 맺습니다. 게다가 유녀들은 세주로를 단순한 손님으로 여기지 않고 뜨거운 열정을 쏟습니다.

'세주로 님을 향한 사랑은 영원하리'라는 내용의 언약서 다발이 두둑하게 쌓이고, 마음의 증표로 보내온 손톱은 손궤에서 넘쳐날 듯하며, 잘라서 보낸 검은 머리로는 두꺼운 그물을 짜도 될 정도입니다. 하루가 멀다고 도착하는 연애편지나 유녀들이 보내주는 물건으로 와이즈미 집의 곳간이 가득 찰 정도였으니, 하늘을 찌를 듯한 세주로의 인기를 짐작할 수 있습니다.

유곽에서 흥겹게 노는 데 그치지 않고 유녀 중에 미나가와와는 특별한 사이로까지 발전하자, 아들의 주색잡기에 질려 버린 세주로의 아버지는 미나가와와의 관계를 청산하도록 하고 세주로를 구에몬이 주인으로 있는 히메지姬路의 쌀집 다지마야但馬屋로 보냅니다.

미나가와와 부부의 연을 맺을 수 없게 되자, 세주로는 주색 잡기에도 질렸는지 성실하게 가게 일을 돕습니다. 그런데 천성이 귀한 데다 온화한 성품에 머리도 좋은 세주로를 하녀들이 가만둘 리가 없습니다.

하녀들에 그치지 않고, 다지마야 주인 구에몬의 여동생이자 이 이야기의 주인공인 오나쓰도 세주로에게 애를 태웁니다.

오나쓰가 등장하는 대목은 다음과 같습니다.

열여섯이나 되는 그해까지 남자의 얼굴이나 풍모를 고르고 골랐지만 혼사가 정해지지 않았다. 그런데 이 오나쓰, 시골에서는 물론이지만 도시에 내놓아도 평범한 여자로는 보이지 않는 용모였다.

-《호색오인녀》

오나쓰가 세주로에게 연정을 불태우게 된 계기는 세주로의 허리춤에서 끊임없이 나오는 편지입니다. 받는 사람의 이름은 '세지로 님'으로 전부 같은데, 보내는 사람의 이름은 하나도리, 우키부네…… 등 무로쓰의 유녀들입니다. 그리고 편지를 읽어보니 하나같이 유녀가 세주로에게 푹 빠져서 세주로를 위해서라면 목숨이라도 걸겠다는 내용입니다. 단순히 손님을 끌기 위한 인사치레가 아닌 진심이 담긴 글에 오나쓰는 놀라기도 하고, 남자로서 세주로의 가치를 새삼 알게 됩니다.

이 정도로 진심이라면 상대가 창녀라도 불쾌하지는 않다. 게다가 이런 편지를 받는다면 남자도 유녀와 노는 데 미쳤던 보람이 있다고 해도 좋을 정도다. 겉보기만으로는 모르는 좋은 점이 그 사람에게 있겠지. 이렇게 많은 여자들의 혼을 뺄 정도니.

-《호색오인녀》

여기까지의 줄거리로 에도시대 서민들이 고달프고 덧없는 세상살이에서 어떤 점에 가치를 두고 살았는지 엿볼 수 있습니다.

당시 사랑에 빠진 사람들이 주고받는 사랑의 교환 수단이 편지였다는 것은 짐작할 수 있지만, 마음의 증표로 보내는 물건이 손톱이나 머리카락이라는 점은 흥미롭습니다. 게다가 사랑의 행위만을 사고파는 유녀들은 손님에게 정을 주지 않는 것이 본연의 직업 정신이지만, 유녀들이 그러한 직업 정신을 내팽개치고 혼신을 다해 세주로를 사랑한다는 점도 기이하게 느껴집니다. 하물며 그런 이유로 세주로를 매력적인 남성으로 보는 오나쓰의 심경의 변화도 흥미롭습니다.

그 이상으로 내가 놀랐던 점은 오나쓰와 세주로의 나이입니다. 세주로는 열네 살이 되어 여색의 길로 들어섰고 그것도 무로쓰의 유녀 여든일곱 명과 깊은 관계를 맺었다지 않습니

〈표 1〉 평균 초혼 연령의 연도별 추이		
	신랑	신부
1993년	28.4세	26.1세
1998년	28.6세	26.7세
2003년	29.4세	27.6세
2008년	30.2세	28.5세
2009년	30.4세	28.8세
2010년	30.5세	28.8세
2011년	30.7세	29.0세

주: 혼인신고서를 제출한 해에 혼인 생활을 시작한 사람의 나이.
출처: 후생노동성
(http://mhlw.go.jp/toukei/saikin/hw/jinkou/geppo/nengai11/kekka04html)

까? 그때는 만 나이가 아니니 열네 살이라고 해도 실제로는 열세 살로 지금의 중학교 1학년입니다. 게다가 열세 살짜리 중학교 1학년생이 미나가와와 살림을 차리려고까지 생각합니다. 그 나이 때의 나를 되돌아봐도 여자와 함께 가정을 꾸린다는 생각은 도무지 상상조차 못할 일입니다.

그리고 오나쓰도 "이 나이 될 때까지 남자의 얼굴이나 풍모를 고르고 골랐지만 혼사가 정해지지 않았다"고 소개합니다. 하지만 오나쓰의 나이는 열여섯 살로 지금의 만 열다섯 살, 중학교 3학년입니다. 중학교 3학년이 혼기가 늦었다고 표현하고 있으니 지금으로서는 전혀 생각지도 못할 일입니다.

후생노동성의 '평균 초혼 연령의 연도별 추이'(〈표 1〉)를 보면 2010년 여성의 초혼 연령은 29세입니다. 물론 지금은 만혼이 문제시되고 있을 정도니 단순 비교는 의미가 없지만, 에도시대와 비교하면 연령차가 벌어져도 너무 심하게 벌어졌습니다.

성경험과 나이

2000년 8월 17일 자 〈아사히신문〉에는 '고등학생 네 명 중 한 명이 성경험 있다'라는 제목의 기사가 실려 있습니다.

대학생의 절반 이상, 고등학생 네 명 중 한 명이 성경험 있다.
성교육을 시행하고 있는 일본성교육협회의 조사에서 이런 결과가 나왔다. 이 협회는 1947년 이래 6년에 한 번의 빈도로 학생들의 성경험 실태를 조사하고 있는데, 성경험을 한 고등학생과 대학생의 비율은 계속 상승하는 경향이고 이는 성행위의 조기화를 뒷받침하는 결과다. (중략) 남자 대학생의 63%가 성경험이 있다. 여대생은 이번 조사에서 처음으로 50%를 넘었다. 고등학생도 남자가 27%, 여자는 24%. 남자 고등학생은 전회(93년)의 조사에 비해 10퍼센트포인트 이상 늘었다. 키스 경험 시기도 조기화를 보여 중학생의 경우 남녀 모두 처음으로 10퍼센트를 넘어섰다.

일본성교육협회의 조사 결과에 의하면 '성행위의 조기화'가 심각한 문제라는 내용의 기사를 세주로가 읽는다면 어떻게 생각할까요? "일본의 젊은이들은 어찌 이리 늦되는지!"라며 탄식할지도 모릅니다.

또 2002년 8월 15일 자 〈아사히신문〉에서는 '섹스를 서두르는 여자의 마음은?'이라는 기사가 게재되었습니다.

45.6%. 성경험이 '있다'고 대답한 도쿄 도 내의 고등학교 3학년 여학생의 비율이다. 교사가 만드는 성교육연구회가 1월에 학생들의 성행위 실태를 조사했다. 그 결과 고등학교 3학년 남학생은 37.8%로 3년 전 조사 결과와 거의 비슷한데 여학생은 6.6퍼센트포인트 급상승했다. 섹스를 서두르는 이유는 무엇일까?

게다가 2006년 11월 12일 자에서도 '여성의 성경험 비율 늘었다'(〈아사히신문〉)라는 기사가 게재되었습니다. 일본성교육협회가 실시한 6년 전의 조사와 비교해보면 이번 조사에서는 대학생의 성경험 비율은 그대로인데 "여성의 상승 경향은 계속되어 1990년부터 2005년에 걸쳐 10퍼센트포인트 이상 상승했다"고 합니다.

이 기사는 여성의 성경험 비율이 남성과 별반 다를 바 없다는 사실을 문제 삼고 있습니다. 2000~2006년의 기사 내용의 변화는 젊은이들의 성경험 조기화를 문제 삼으면서도 초점은 여성의 성경험 상승률 문제로 어물쩍 넘어가고 있다는 것을 알 수 있습니다.

기사 내용의 변화도 흥미 깊지만, 그 이상으로 확실한 점은 젊은이들의 성 실태에 대해 어른들이 많은 관심을 갖고 있으며 조사하고 의견을 말하고 있다는 점입니다. 그리고 시대에 따라 조사 결과와 그 시대가 젊어지고 있는 문제와 연결하면서 성적인 현상을 조종하려는 모습이 엿보입니다.

예를 들면 2000년 8월 17일 자 '고등학생 네 명 중 한 명이 성경험' 기사에서는 문제가 되는 '성행동의 조기화'를 부추기는 요인으로 휴대 전화를 소지한 사람, 자신의 방이나 전용 텔레비전 등을 소지한 사람의 성 경험률이 높았다는 점을 들며 다음과 같은 일본성교육협회의 의견이 실려 있습니다.

정보화 기기를 소지하고 교제 범위가 넓으며 가정의 감시가 소홀하고 자유로운 공간을 사용할수록 성행위도 활발하다.

어른의 입장에서 부정적으로 평가하는 '성행위의 조기화'를 젊은이들이 소지한 '휴대 전화'에 적용하여 부정적으로 논하고 있습니다.

다음에는 성에 관한 자료와 그 자료를 접하는 개인의 관계에 주목해봅시다.

원그래프의 권력화

생일이 4월이어서 나는 동급생들 중에서 일찍 나이를 먹습니다.

게다가 재수를 해서 대학에 들어갔기에 이내 담배도 피울 수 있었고 술도 마실 수 있는 나이인 스무 살이 되었습니다. 대학 생활을 시작한 1972년 3월 말에 나는 충격적인 원그래프를 발견했습니다.

대학 합격증을 받아든 봄방학 무렵이었습니다. 우연히 펼쳐 든 석간신문의 페이지에 게재되어 있던 그래프에 내 시선이 꽂혔습니다.

그것은 '20세의 키스 경험'의 비율을 나타낸 표였습니다.

스무 살까지 키스 경험이 있는 남성은 오른쪽 절반을 덮었고, 게다가 미경험자를 표시하는 왼쪽 절반의 영역까지 침범해 있었습니다. 즉, 스무 살까지 키스를 경험한 남성은 50퍼센트를 넘었습니다. 나는 어안이 벙벙했습니다. 그중 50퍼센트가 넘은 남성 경험자가 복수의 여성과 경험했다고 기사에서 덧붙였습니다. 나는 키스 경험은커녕, 포크댄스 이외에는 이성과 손도 잡아본 적이 없었습니다.

'경험/미경험'의 분류를 표시하는 원그래프는 나를 좁은 영역에 위치한 소수파로 몰았습니다.

'너는 다른 사람보다 뒤처졌어!'

이 그래프는 비수가 되어 나를 덮쳤습니다. 그리고 나를 몰아세웠습니다.

'그 나이라면 키스 정도는 해봤어야지.'

원래 키스라는 것은 이성과 사랑을 키워나가는 가운데 합의하에 자연스럽게 이루어지는 행위입니다. 그런데 첫키스의 경험을 스무 살이라는 나이로 분류하여 젊은 사람들의 동향을 나타낸 단순한 자료를 접하고 나서 내 등을 떠민 것은 행위의 촉진이지, 그 중요한 바탕인 애정은 온데간데없었습니다. 즉, 사랑이고 뭐고 '키스'를 경험해봐야 한다는 의사가 전면에 나섰습니다.

애초에 자료는 나에게 '키스'를 부추기려는 의도는 전혀 없었습니다. 스무 살 젊은이들의 '키스 경험'을 수치로 나타낸

그래프에 지나지 않았습니다. 그런데 나에게는 동시대 젊은 이들의 키스 경험을 나타낸 자료가 '늦었다'를 의미하는 자료로 해석되어, 실현하기 위한 행동으로 선동하는 역할을 했습니다. 즉, 자료가 힘(권력)이 되어 나에게 '키스해야 된다'는 주체적인 의사를 만들어준 것입니다.

잡지에 실린 자료를 보고 나와 마찬가지로 마음의 동요를 느낀 여학생의 이야기가 있습니다.

연애에 관한 자료를 중학생 시절부터 흥미진진하게 보았습니다. 그중에서도 인상에 남은 것은 '여성의 20퍼센트가 선생님과 사랑에 빠진 적이 있다'라는 자료입니다.

당시 나는 선생님을 이성으로 좋아했기에 의외로 그런 사람이 많다는 점에 안심했습니다.

그런데 친구 중에 선생님을 이성으로 좋아한다는 아이를 한 명도 본 적이 없습니다. 혹시 그 자료는 여자의 '조숙함을 조장하는' 잡지사의 책략인가요?

아니면 모두 말을 안 해서 그렇지 실제로는 선생님을 이성으로 생각했던 적이 있는 걸까요? 지금도 궁금합니다.

자료에 대해 그녀가 품은 불신감에 대해서는 나중에 논의하기로 하고, 일단 그녀의 경우는 선생님을 이성으로 좋아하는 자신을 책망하는 마음이 있는데도 자료를 보고 안심했다고 합니다.

여기서 말할 수 있는 것은 단순한 자료가 개인을 선동하기도 하고 안심시키기도 하는 권력이 되어 개인을 주체적으로 움직이게 만든다는 점입니다. 단, 여기서 말하는 권력은 개인이 외부에서 작용하는 권력에 의해 어쩔 수 없이 주체에 복종하는 형식이 아니고, 스스로가 그 권력에 자신을 내던져 주체적으로 추구한다는 점입니다.

지식이 권력이 된다

빅토리아시대가 상징하듯이 근대의 성은 '억압'이나 '금지'의 역사관으로 지금까지 파악되었습니다.

하지만 푸코는 그런 면을 인정하면서도 의문을 던집니다. 그리고 성을 억압함으로써 훨씬 거대한 규모로, 또 적극적으로 그 방향으로 사람들이 움직이도록 요구하고 있다고 지적합니다.

감시 장치를 갖추고 어디까지나 고백을 강요하기 위한 덫을 설치하고는 끝도 없이 교정의 담론을 한다. 부모나 교육자에게 경고를 내리고 모든 소년이 죄가 있다는 의혹과 모든 소년을 충분히 의심하지 않으면 부모나 교육자가 죄지은 몸이 될 것이라는 불안을 여기저기 퍼뜨려놓는다. 항상 재발의 위험을 염두에 두고 주의를 게을리 하지 말라 명하며, 부모나 교육자의 행동을 규정하고 교육 코드를 재편성했다. 가족의 공간에 의학적·성적 체제의 커다란 거점을 마련한 것이다. 소년의 '악습'은 적이라기보다는 오히려 매개체다.　　　　　　　　-《성의 역사 1—지식의 의지》

여기서 푸코의 논의에 따라 성이라는 현상에 관해 생각해 봅시다.

소년들에게 성의 비밀을 고백하게 하는 것은 은밀한 쾌락을 발판으로 한 것으로, 은밀한 성을 발견하기 위해서는 일단 숨겨야 한다는 점을 강요했습니다. 그리고 성을 통제하는 역할을 하는 의사와 교사들은 소년들에게 성적 욕망이나 행위를 말하게 하여 그 고백을 매개로 의학적이고 교육적인 담론을 끌어냈습니다. 게다가 이렇게 소년을 감시하고 교정하는 과정은 겉으로는 저지하기 위한 장치처럼 보이지만, 다른 한편으로는 은밀하게 쾌락으로 진입하도록 부추기는 역할을 한다고 푸코는 말합니다.

그런데 성 현상의 자료는 어떻게 수집하는 걸까요?

주변에서는 들은 적도 없던 '선생님과의 사랑'에 대한 자료의 수치를 보고는 자신이 유별나지 않았다는 점에 안심하면서도, 그 자료를 어디에서, 어떻게 해서 모았는지, 혹은 잡지사가 날조한 자료는 아닌지 의문을 품습니다.

또 키스 경험에 관한 자료도 자료 수집자가 관찰해서 얻은 결과가 아니니, 그 자료 모두 젊은이들의 고백에 의존한 결과에 지나지 않습니다. 그리고 고백에 의존한 자료를 조사에 참여한 교육자나 학자들이 분석하여 과학적으로 포장한 담론을 낳았습니다.

덧붙여 이 자료와 분석에 의한 담론이 아무리 '스무 살의 키스 경험'이라는 결과만을 제시한다고 해도, 또 '성행위의 조기화'를 문제 삼아 감시를 강화하자는 담론이 벌어진다고 해도, 오히려 그것을 본 당사자들의 욕망을 부추기는 결과를 낳게 됩니다. 즉, 푸코가 말했듯이 성을 조종하려는 힘으로 인해 반대로 성적 욕망이 증식되어가는 것입니다.

지知의 권력

푸코는 권력의 문제를 '성'에서 '생生'으로 발전시켜 논의합니다. 그것은 자신의 '신체'에 관심을 갖고 배려하도록 사람들을 이끄는 권력, 즉 '생에 대한 권력'입니다.

2014년 8월 19일 자 〈아사히신문〉 1면 '테크놀로지 제3부 바이오편 상편'에서 다음과 같은 특집 기사가 게재되었습니다.

"내 유전자를 조사해 미래에 암에 걸릴 수도 있다는 사실을 안다면 건강할 때 유방을 제거하겠다."

미국 여배우 안젤리나 졸리의 결단으로 세간의 주목을 모은 예방적 유방 절제술. 미국에서는 이런 결단을 내리는 여성이 적지 않다.

유전성 암이라는 의학적 담론으로 인해 친족의 암 발생을 주의 깊게 살펴보게 되었고, 의학계는 한층 더 정밀한 유전자 검사 방법을 고안하기 위해 힘을 쏟습니다. 기사에서는 암에 걸릴지도 모른다는 공포로 사람들이 고액의 검사를 받고, '양성' 판정을 받으면 건강함에도 불구하고 예방을 위해 유방을 절제한다고 합니다.

미국의 유전자 검사 확산을 보도하는 기사 옆에 게재된 글이 '채혈 1회로 암 13종 알 수 있다'였습니다. 일본국립암센터가 신체에 부담이 적고 단 한 번의 채혈로 일본인에게 많은 위암이나 대장암, 폐암, 간암, 유방암 등 13종류의 암과 치매를 발견할 수 있는 검사 기술을 2018년도까지 개발한다는 내용입니다. 그리고 개발 후에는 건강 진단에도 도입할 예정이라고 쓰여 있었습니다.

미디어에서 '건강에 좋은 식품'을 소개하면 우리는 그 식품을 찾습니다. 과학적이라는 자료를 바탕으로 의료 관계자나 건강 전문가가 언급하여 건강식품의 주역을 담당해온 식품만 해도 바나나, 토마토, 석류 등 일일이 예를 들자면 한도 끝도 없습니다. 그리고 이른 아침 강아지 산책을 시키다 보면 걷거나 뛰는 노인들과 마주치곤 합니다. 자신의 건강에 유념하여 병원에 의지하지 않고 건강하게 살기 위해 애쓰는 모습입니다. 이렇게 이야기하면 불쾌하게 생각하는 사람이 있을지도 모르지만, '건강하게 살다가 때가 되면 홀연히 이 세상을 떠나고 싶다'는 바람이겠지요.

물론 국가(행정)로 본다면 의료비 부담이 없는 국민이 늘어나는 것은 바람직한 현상입니다.

그러면 병원은 어떨까요? 언뜻 환자 수가 감소하여 경제적인 이익이 줄어드는 것처럼 보일지 모르지만, 건강 검진이나 유전자 검사에서 알 수 있듯이 검사 비용으로 벌어들이는 새로운 수익이 생깁니다. 또 여배우 안젤리나 졸리처럼 유방암의 확률이 높다는 결과가 나오면 사전에 수술을 받아 위험 요소를 제거한다는 사람도 있기에 이 또한 이익으로 연결됩니다.

하지만 우리는 원래 이렇게 항상 자신의 건강을 감시하고 신경 써야 하는 걸까요? 아니면 미디어나 의학이 건강에 유념하도록 우리를 선동하고 있는 것일까요?

성 현상도 조사나 카운슬링이라는 장치에 고백하는 형식을 통해 우리는 자신을 제시하고 과학적인 지식을 끌어내는 데 공헌합니다. 또 생명에 관해서도 고백과 마찬가지로 검사라는 장치에 자신의 몸을 맡겨 해부하고 분석하는 의학이라는 과학 지식에 바칩니다.

이것은 그리스도교에서 스스로 털어놓는 고해성사와 비슷

한 양식으로 고백이라는 장치를 통해 자신을 제시하고 과학이라는 지식을 끌어내는 방식입니다. 그리고 사람들이 그 지식을 받아들이고 몸속 깊이 새겨서 주체적으로 움직입니다. 이렇게 지식에 의해 움직여지는 현대의 모습을 푸코는 '지식의 권력'이라고 논합니다. 즉, 성 담론, 생 담론과 함께 과학적인 '지식'과 연결된 지식의 권력에 의해 우리 자신이 스스로 자신의 몸을 배려하고자 주체적으로 행동하게 된 것입니다.

이렇게 고도의 자본주의 경제적 관념에 따른 지식의 권력은 한층 급진적으로 우리의 생활 속에 그물망처럼 침투하여 우리들을 공략하고 있습니다.

 읽을거리

《호색오인녀好色五人女》, 도미오카 다에코
《성의 역사 1—지식의 의지》, 미셸 푸코, 나남, 2010.
《성의 역사 2—쾌락의 활용》, 미셸 푸코, 나남, 2010.
《성의 역사 3—자기 배려》, 미셸 푸코, 나남, 2010.
《철학의 무대》, 미셸 푸코, 기담문고, 2010.

■ 마치며

"강의는 여전히 시시하군."

나쓰메 소세키의 소설 《산시로》에서 주인공 산시로가 중얼거린 말입니다.

소세키는 대학 강의에 꽤 비판적인 시각을 가졌던 듯합니다. 이 책에서 산시로가 도서관에서 빌린 헤겔의 철학서에서 누군가가 연필로 휘갈겨 쓴 낙서를 발견하여 읽고는 크게 깨닫는 부분이 있습니다. 그 대목에는 대학 강의에 대한 나쓰메 자신의 생각이 담겨 있습니다. 낙서의 내용을 요약하면 다음과 같습니다.

헤겔은 대학에서 학생들에게 철학을 가르쳤지만, 단순히 철학적 지식만을 판 것은 아니었다. 또 헤겔의 강의를 들으려고 베를린 대학으로 온 학생들은 단지 헤겔의 지식을 얻기 위해 굳이 베를린 대학에 온 것이 아니다. 학생들은 진리를 구하는 사람으로서의 헤겔과 그 헤겔이 완성한 지식을 추구하러 온 것이다.

즉, 헤겔은 강의를 위한 강의를 하지는 않았다. 그럼에도 불구하고 일본의 대학에서는 사람의 감정을 배제하고 깊이가 없는 얕은 지식만을 주고받으니 학생들은 그 지식을 그저 베끼기만 한다.

그리고 학생들이 지식을 직업의 밑천으로만 삼는 점에 대해 탄식합니다. 그렇게 해서는 훌륭한 사회를 이룰 수가 없고, 활기찬 인생을 꾸려나갈 수도 없다고 비판합니다.

소세키의 지적은 19세기 후반의 이야기이지만 내가 대학생이었던 시절에도 변함없었습니다. 소세키와 마찬가지로 나도 그렇게 느꼈습니다. 대학 강의실에서 듣는 단조롭고 추상적인 강의는 어수룩한 나에게는 너무 어려웠습니다. 단지, 대학이라는 곳에 있다는 사실 자체로 '나도 지적인 세계에 속해 있다'는 착각이 들었고, 그런 만족감에만 취해 있었습니다.

소세키는 인간미가 배어 나오는 '지성'이야말로 배우는 사람에게 '지식'에 대한 흥미를 불러일으키고 그것이 배움에 대한 의욕으로 연결된다는 생각이 강했던 사람인 듯합니다.

《마음》에서도 그런 생각이 묘사되어 있습니다. 주인공이 선생에게 선생의 사상을 알게 되어 많은 도움이 되었다는 사실을 전하면서, 그런 생각이나 의견을 만들어낸 선생의 과거 이야기를 듣고 싶다고 조릅니다. 그 요청에 선생은 이렇게 대답합니다.

"자네는 내 사상이나 의견을 내 과거와 혼동하고 있어."

그리고 지식을 전하는 것과 자신의 과거를 이야기하는 것은 '별개의 문제'라고 말합니다.

하지만 그런 선생의 대답에 주인공은 반론합니다.

"저는 별개의 문제라고는 생각하지 않습니다. 선생님의 과거 경험이 낳은 사상이기에 제가 중요하게 생각하는 겁니다. 이 둘을 따로 떼어놓는다면 저에게는 전혀 가치가 없는 것들입니다. 저는 혼이 담겨 있지 않은 인형을 받은 것으로는 만족할 수 없습니다."

―《마음》

산시로의 요청에 응답하고자, 또《마음》의 주인공에게 호응하고자 지금까지 내 앞에 놓였던 현실, 그중에서 고뇌에 찬 젊은 날의 경험을 부끄러움을 무릅쓰고 드러내면서 '사회학'의 세계를 전했습니다.

내가 사회학의 문을 열었을 때 느꼈던 지식을 접한 기쁨, 그리고 눈앞이 보이지 않던 안개 낀 세계가 투명해져가는 상쾌함을 여러분과 함께할 수 있기를 바랍니다. 그리고 여러분이 풍요로운 생활을 영위하는 데 이 책이 조금이라도 도움이 된다면 더할 나위가 없겠습니다.

마지막으로 이 책을 세상에 끌어내준 출판사 관계자께 깊이 감사드립니다.

그리고 내 수업을 들어준 학생들에게도 감사의 마음을 전합니다. 여러분의 귀중한 의견은 내 지식을 한층 넓은 곳으로 이끌어주었습니다.

2015년 3월
이와모토 시게키

나를 위한 사회학 세상을 바로보는 또 다른 시각

초판 1쇄 인쇄 2016년 7월 25일   초판 1쇄 발행 2016년 8월 1일
지은이 이와모토 시게키   옮긴이 배성인
편집 한홍   디자인 designforme
펴낸이 천정한   펴낸곳 도서출판 정한책방   출판등록 2014년 11월 6일   제2015-000105호
주소 서울시 마포구 월드컵북로1길 30, 303호(서교동 동보빌딩)
전화 070-7724-4005   팩스 02-6971-8784
블로그 http://blog.naver.com/junghanbooks   이메일 junghanbooks@naver.com

ISBN 979-11-954650-6-4 (03330)

책값은 뒷면 표지에 적혀 있습니다.
잘못 만든 책은 구입하신 서점에서 바꾸어 드립니다.

이 도서의 국립중앙도서관 출판예정도서목록(CIP)은
서지정보유통지원시스템 홈페이지(http://seoji.nl.go.kr)와
국가자료공동목록시스템(http://www.nl.go.kr/kolisnet)에서 이용할 수 있습니다.
(CIP제어번호: CIP2016017556)